期刊编辑素养与专业提升

陈巨澜／著

吉林文史出版社

图书在版编目（CIP）数据

期刊编辑素养与专业提升 / 陈巨澜著 . -- 长春：
吉林文史出版社，2021.6
　ISBN 978-7-5472-7848-2

　Ⅰ．①期… Ⅱ．①陈… Ⅲ．①期刊编辑－研究 Ⅳ.
①G237.5

中国版本图书馆 CIP 数据核字 (2021) 第 131736 号

QIKAN BIANJI SUYANG YU ZHUANYE TISHENG
期刊编辑素养与专业提升

作　　者　陈巨澜
出版人　张　强
责任编辑　王俊勇
装帧设计　杨　哲
出版发行　吉林文史出版社
地　　址　长春市福祉大路 5788 号出版大厦
印　　刷　吉林省优视印务有限公司
开　　本　787mm×1092mm　　1/16
印　　张　7.875
字　　数　103 千
版　　次　2021 年 6 月第 1 版
印　　次　2021 年 6 月第 1 次印刷
书　　号　ISBN 978-7-5472-7848-2
定　　价　58.00 元

目　　录

前　言

　　编辑在社会文化发展的过程中，承担着传播思想、传递信息的重任，承担着直接参与社会文化创造的责任，是社会文化发展的缔造者、把关者和传播者。本文所指的编辑，是一种社会分工的职业，是联结作者和受众的桥梁，是进行创造性社会文化生产传播的人员。其中，期刊编辑作为期刊的主体，在期刊编辑、出版、发行等系列活动中，始终发挥着核心的作用。

　　《中国期刊发展史》：“事业的成功，关键在人。期刊的发展，迫切需要一批高素质的期刊人才。”基于对期刊编辑主体价值的充分认识，本书紧紧围绕期刊编辑的基本素养和职业提升展开论述，从期刊编辑的发展历史，到分析编辑大家的编辑思想，再从审稿、校对等基本技能到数字时代期刊编辑的发展方向，无不体现出编辑只有具备良好的职业素养，才能走进“编辑匠”的行列，也只有拥有了“工匠精神”才能使其获得进一步的提升。

　　由于成书时间仓促，加之笔者水平有限，书中难免有错误及纰漏，请广大读者批评指正！

第一章　期刊编辑的发展历史

第一节　期刊编辑的产生与发展

　　提及期刊编辑的产生与发展，首先要探究期刊的发展历程。期刊作为一种大众传媒形态，出现于书籍之后。这种以纸质册页这一较完整的形态印制的书籍，在中国于公元 10 世纪就出现了。形态较完整的期刊，则始见于 17 世纪的欧洲，迄今 400 年。400 年来期刊发展势头是越来越坚挺的。他借助于社会政治、经济、文化与科技进步的力量，不断开发自身的优势，勇于接受其他传媒的挑战，利用各种机遇发展自己。今日期刊已成为深受人们喜爱的精神食粮之一。

　　在发达国家，期刊愈来愈成为大众传媒中的强项。下面，试把期刊发展划分为四个阶段，以便从中观察到期刊发展的一些规律性现象。

一、第一阶段：初露锋芒（18 世纪至 20 世纪初叶）

　　早于 17 世纪中叶，欧洲就开始出现新闻性的周刊、半周刊，出现了神学、医学、文学、哲学等方面的学术刊物，出现了专门介绍图书出版或评论图书的刊物。只是当时期刊出版尚未表现出很明显的成绩，多数影响范围不广，出版时间不长；有些在期刊特性上表现不突出，介于期刊与报纸的中间状态。期刊真正成为引人注目的出版现象，是从 18 世纪开始，特别是 19 世纪以后，首先在欧洲，如英国、法国、德国，继之在北美洲，主要是美国、加拿大，期刊出版此起彼伏，品种比起 17 世纪大大丰富，读者面大大增宽，出版期刊日渐成为出版活动中的群体现象，而且势头日长。

中国情况大体也是这样。第一本中文期刊《察世俗每月统记传》于 1815 年出版，是外国传教士在马六甲创办的。在中国期刊发展初期，外国教会、传教士曾经是办中文期刊的主要势力，地点遍及东南沿海及华北内地，其目的自然是配合西方对中国的思想文化渗透。

此后，中国人自己也创办刊物，尤其是配合资产阶级革命和无产阶级领导的新民主主义革命而创办的期刊纷纷出现。到 20 世纪初叶，随着中国社会变革，中国期刊发展到几百种，按照当时的说法，那一阶段期刊是"像雨后春笋般"出现的。

二、第二阶段：传媒骄子（20 世纪前半期）

20 世纪的到来，给期刊进一步发展带来了说不尽的好兆头：

（一）由于科技发展，摄影技术、印刷技术有了很大进步。人们不仅日益精到地掌握了对于世界万物几乎无一不可再现的摄影技术，也日益精到地掌握了照相制版复印技术。大量逼真的摄影画面出现在期刊里面，可以直观地报道世界大事、社会新闻、文化娱乐活动，可以让千百万读者看到那千载难逢的瞬间，也可以让读者看到那些自己生活于其中的社会原来是这样的写实画面，这些无一不引起读者的新鲜感和浓厚阅读兴趣。

（二）由于以电信为主的新的通信技术日益进步，期刊参与政治、参与社会的触角大大灵敏起来了。向各地、向国外派记者，及时反映国际形势变化，已经不是很费力的事。同样作为新闻舆论，期刊可以和报纸的出版速度差不多，但报道可以更丰富完备，反映的层次更深。这些自然也引起了读者浓厚的阅读兴趣，特别是新闻性刊物因此而更加活跃。

（三）由于运输事业海、陆、空的立体发展，期刊发行条件大大改善，发行量迅速增长。进入 20 世纪以后，一些发达国家已在此条件下建立起相当完善的发行网，某些国家有代表性的大刊物还可以发行全球。

（四）由于资本主义社会发展到自己的高级阶段，商品经济活动组织得更加完备，更加活跃，这就给期刊进行市场竞争提供了更多的机会和刺激力，特别是进入 20 世纪之后，广告事业拔地而起，无疑使期刊抱了个金娃娃，大大增长了期刊的产业实力和运作活力。

（五）由于随着资本主义发展而出现的国民教育日渐普及，社会文化需求日益增强，这使期刊获得越来越多的读者成为可能，以至于报刊摊点林立，期刊琳琅满目，这也成为 20 世纪大都会繁荣发展的一个重要人文景观。

根据上述种种条件，期刊进入 20 世纪以后的繁荣发展是很必然的。在第一、二两次世界大战期间，美国期刊发展成绩最突出。1922 年出版的《读者文摘》和 1923 年出版的《时代》周刊可以作为这一时期美国期刊发展的标志。欧洲也有相应发展，知名刊物如法国的《玛丽·克莱尔》（1937 年）、《她》（1945 年），德国的《明镜》周刊（1947 年）等。就中国情况看，20 世纪二三十年代，期刊同样进入一个兴旺时期。据统计，1935 年全国期刊已有 1500 多种，仅上海就有近 40 种。知名刊物如《生活》周刊（1925 年）、《大众生活》（1935 年），发行量均近 20 万份，充分体现了期刊的社会宣传作用和作为传媒的活跃性。观察 20 世纪上半叶传媒的发展，报纸是极为活跃的，但偏重于新闻报道和评述；广播事业也是活跃的，但偏重在声音传播；以 20 世纪 20 年代好莱坞的崛起为代表的电影这一大众传媒，虽然十分盛行，但偏重在消遣娱乐。相比之下，能够覆盖社会结构的各个部分，行使社会所委托的各项功能，渗透到社会的各个角落，以图文并茂的形式对社会表现达到像庄子所说的"上窥青天，下潜黄泉，挥斥八极"程度的，应属期刊。期刊因此获得空前多的读者。用"传媒骄子"概括这一阶段期刊的发展，实不为过。

三、第三阶段：迎接挑战（20 世纪五六十年代至今天）

进入 20 世纪的期刊发展势头正好，大众传媒里却杀出一匹黑马，那就是五六十年代开始踏入家庭，七八十年代遍及各个家庭的电视。从人们对接受直观形象的惯性心理来说，电视自然比期刊更具优势。期刊遭遇到严重的挑战，读者向电视转移，尤其是电视作为广告媒体比期刊更多一分活力，期刊在广告市场上地位不稳。在挑战面前，有的期刊实力受损，有的落魄，连知名的美国《生活》画报也在 70 年代一度办不下去了。

四、第四阶段：再迎挑战（现在至无法确指的未来）

随着高科技的发展，电子出版物出现了。这使传统的出版物（包括期刊）又面临新的挑战。近年来，以光盘、软件、网络等为载体的电子期刊，纷纷问世。它容载量大，具有声音、动态、智能、交互等一系列功能，价格相对不高。期刊市场会不会被这一新的媒体挤占，期刊界对此虽然尚未惊恐，但已经议论不止。

这一段历史刚刚开始。传统期刊能不能顺应历史潮流，不失时机地吸收容纳电子科技手段，以自我调适和开拓新的领域，使其成功地应对这次挑战，还要看日后事态如何发展。但 400 年期刊历史告诉我们，期刊既拥有充分稳定的读者群（读者们不愿意轻易抛弃阅读期刊的传统习惯），又具有吸纳文化、科技成果进行自我更新的能力。现代期刊出版运作中已开始广泛应用电子科技手段。电子科技手段大大降低了期刊的成本，提高和加快了期刊的制作效率。如何处理传统形态期刊与电子期刊的关系，人们也在探索之中。比如美国《时代》周刊，既采取以传统形态逐期出版，又采取以光盘出版年刊合集的做法。它于每周一出版传统形态的期刊，又建立网络于每周日下午向入网户预先传递这一期刊的内容。看来，在未来相当长的一段时间里，期刊既不会失掉传统形态，又不再是单一形态。这种种变化也许更能增进期刊的"上窥青天，下潜黄泉，挥斥八极"的反映社会的能力。从总体上看，期刊肯定拥有自己光明的未来。

五、期刊发展历程中的规律性现象

（一）期刊是社会进步的重要舆论工具。期刊要充分反映时代的主旋律，要妥善地处理好自己与社会进步的良性关系。能在期刊史上留下自己光彩形象的，首先是这类刊物。

（二）期刊的先天属性就是大众传媒（这是从总体来说，少数学术性、特殊专业性的刊物除外），拥有群众，就拥有未来。

（三）期刊产业实力的增长是期刊赖以开拓、发展的重要保证，搞好期刊包括广告经营在内的经济活动，开展规范竞争，发挥集团的力量，这是期刊活力的重要所在。

（四）期刊从一开始就担起了实现传媒从文字表现为主而变化为突出画面表现的历史使命，期刊的画面表现力是无穷的，也正因此，使它能够顺应时代发展一直立于不败之地。

（五）期刊编辑要有眼力、识力、创作力和想象力，以质量取胜。通过信息密集、突出特色、着意策划、提高品格等手段推出精品。这是期刊编辑敬业精神的重要表现，也是期刊人与期刊匠、期刊小贩的分界线。

（六）期刊已经到了从小手工作坊时代向新科技接轨的历史转折时期。没有眼光、不同新科技结合的期刊，有朝一日可能会陷入日暮途穷的尴尬境地。驾上新科技的双翼，期刊才能够飞向曙光初露的 21 世纪。

第二节　期刊编辑的发展趋势

期刊之所以如此发展，除社会原因之外，还在于一批又一批期刊编辑掌握并成功地运用了期刊运作的规律。期刊始终是依循自身的规律运动、发展的。认识并掌握这些规律，有助于做好今天的期刊出版工作。

一、初露锋芒时期的发展趋势

纵观 18 世纪至 20 世纪初叶中外期刊的发展，可以看到期刊一出现就显示了势不可当的四个发展趋势。

（一）社会进步趋势

可以说期刊出现伊始，就表现了为社会进步而战的强烈特色。美国 1991 年出版的一部期刊史上，开宗明义介绍的第一本美国期刊就是本杰明·富兰克林在 1714 年创办的《综合杂志和历史编年》。富兰克林是美国独立运动和反对奴隶制的参加者，在这本期刊里不断发表有锋芒的政治主张，期刊史作者因而称誉这个刊物体现了"美国期刊的伟大传统"。美国初期期刊还出现过不少推动社会进步的舆论。比如，反对厂矿雇用童工，反对食品掺入有害身体健康的添加剂，反对限制妇女选举权等。在欧洲一些国家，期刊出现之后，不少刊物配合欧洲资产阶级革命报道时事风云，传播革命消息，鼓舞士气。推动社会进步，成为欧洲期刊发展初期的鲜明特色。在中国，梁启超于 1896 年创办的《时务报》旬刊，宣传"维新变法"。他在这个刊物上连续发表《变法通议》系列文章，风靡一时，令读者"如饮狂泉"。《时务报》发行量达到 1700 份，在当时是创纪录的。20 世纪初叶，一批资产阶级民主主义革命者于 1905 年创办的《民报》月刊，鼓吹革命思潮。中国进入新民主主义革命前后，陈独秀、李大钊、鲁迅等人编办的《新青年》杂志，先是提倡民主和科学，反对旧道德提倡新道德，反对旧文学提倡新文学，打破中国思想界沉闷的局面，接着大力宣传马克思主义。《新青年》杂志及同时期与它彼此呼应的上百种宣传新思潮的期刊，不仅给中国期刊史，也给中国文化史、革命史写下了光彩的一页。

代表大多数人民群众的利益，领时代潮流之先，为人类社会的进步发展而讴歌，而开拓，而战斗，从一开始就成为人类期刊事业的宝贵传统。能在历史上留下自己光彩形象的，首先是这类刊物。今天我们办刊物要珍惜这个传统，努力在刊物中弘扬时代主旋律，把刊物办成历史发展趋势的指南针，办成时代脉搏跳动的扬声器。

（二）大众传媒趋势

从 18 世纪初叶到 20 世纪初叶，正是资本主义自由竞争时期。这时，人们对于信息的知晓权有越来越多的要求。期刊正是为了适应这样的要求而出现的。也正因此，它一出现就显示了与传统的传媒——图书不同的特点。它传达信息求新、求快，而不可能做到像图书那样追求鸿篇巨制；它有文化轻骑队的特点，不必像图书追求厚重深广；由于以传递信息和满足普通人生活需要为目的，它一旦出现就必然要尽快渗透到社会各个角落，不能像有些图书可以高踞在学术的殿堂里（这里说的是期刊总体状况，部分学术性刊物情况有所不同）。从期刊在传播上的这些特色来看，它一开始就显示出自己的群众性，显示了对大众的充分开放性，显示了为群众提供信息和各种精神食粮的潜力和丰富性。这也是我们所说的大众传媒趋势。

观察中外期刊初期发展史，有许多现象显示这种趋势。新兴的资产阶级随着自身成长，其读者阅读政治时事、经济文化、科学技术等方面发展变化信息的能力和兴趣越来越大，因此，早期的刊物，相当多的是新闻类周刊、半周刊，这些刊物显然具有相当大的开放性与群众性。现代意义的大众传媒，从历史上看，应该说是自这一时期的许多杂志和许多报纸，或者说是许多兼有杂志与报纸特点的出版物开始的。早期期刊出现不久，就呈现读者蜂拥而至的现象。公众对读期刊的浓厚兴趣，主要突出在以下三个热点上：

1. 对公众发布新闻信息和对社会、政治问题公开评述的刊物。在西方出现很多这类期刊。就中国来说，像上面提到的《时务报》《民报》《新青年》等都是，这些刊物令读者"如饮狂泉"，风靡一时。

2. 文学创作刊物。文学创作与期刊结合是早期期刊中的突出现象，像狄更斯、马克·吐温等许多作家的作品都曾刊登在当时的期刊中。当时西方不少期刊是以刊登侦探、打斗、科幻、冒险、恋情、家庭等内容的文学创作而受欢迎的。在中国，像《新青年》等一些杂志，都很重视发表文学创作，特别是鲁迅等人的新文学作品，为刊物吸引了大量读者，增加了刊物的知名度。

在近代文学史上知名的"鸳鸯蝴蝶派"文学，也是主要借期刊传播的。他们办的《礼拜六》《小说月报》等刊物，发表以游戏为宗旨的作品，积极意义虽然不高，但社会上读者不少。它积累了以期刊传播文学作品的早期的经验，显示了期刊这一传媒对于文学作品的吸着力和传播力，可以视为中国通俗文学期刊的滥觞。

3. 提供实用知识和消遣娱乐的通俗文化类刊物，特别是以妇女读者为主的这类刊物。比如英国 19 世纪中期出现的《女人时装》《女人袖珍杂志》，美国 19 世纪晚期出现的《女人家庭杂志》，美国至今仍然出版的《好管家》就创刊在 1885 年。生活实用、消遣娱乐的文化综合类期刊的受欢迎，使当时的出版商纷纷向这个领域投资，以至于这类刊物花式越来越多，形态越来越成熟。通俗文化期刊从此蒸蒸日上，发展锐势始终不减。近百年来，通俗文化类期刊以压倒性优势覆盖市场，成为世界性的普遍现象。通俗文化类刊物因此成为支撑期刊事业的主干，成为增长期刊产业的一个重要经济支柱。

期刊初期的三个热点都强烈地标志着期刊的大众传媒趋势。拉近与公众的距离，获得更多的读者，这也是期刊事业的一个宝贵传统。今天，办刊人同样要珍惜这个传统，要在贯彻办刊宗旨的过程中想方设法地扩大读者面，具体说就是要扩大发行量。期刊有为群众提供各种信息和精神食粮的充分潜力和丰富性，如果一个刊物不能最大限度地争取自己可能争取到的读者，问题在于没有找到开发这种潜力和丰富性的诀窍。大众性是绝大多数期刊的生命线，拥有大众就拥有未来。

（三）市场竞争趋势

在市场经济环境中，绝大多数出版物具有商品属性。在资本主义自由竞争阶段诞生的期刊，一开始出现就难免打上了市场经济的明显烙印。它必须适应市场经济大环境，要做到如鱼得水，依靠市场经济发展自己。翻开早期期刊历史，可以看到早期办刊人是怎样琢磨应付市场竞争的经营方针、经营策略、经营手段的。比如：

1. 打入市场，寻找定位

为打入市场，必须站稳得力的立脚点，要给自己找一个最佳的市场定位。这一点，开始还不太明显。比如美国的《综合杂志与历史编年》，中国的《察世俗每月统记传》，立意含糊，定位不明显。但情况迅速起了变化，此后陆续出现的《绅士杂志》（英）、《夫人杂志》（法）、《服装剪裁》（美）、《好管家》等等，都是以自己独有的立脚点招徕读者的。初期期刊的兴衰交替的历史，使我们看到，能够体现鲜明的特色，才能抓住人，才能办得比较持久、兴旺。

2. 掌握市场经济法则

掌握市场经济的一个重要法则：货比货。因此，期刊力求办出高质量，成为名牌。最早的期刊在制作上大都比较简单、粗糙，但很快就出现质量竞争，纷纷精益求精。内容上尽量提供更多的知识、信息和娱乐内容，力求精排巧编；在形式上，利用当时可能的生产和技术条件，尽量制作得精美宜人，惹人喜欢。期刊问世不久就获得了追求愉悦性的同时追求审美性、装饰性等特点。技术编辑的功力在早期期刊中已开始显示举足轻重的作用。他们不仅把每期刊物办得讨人喜欢，吸引读者，还力求把期期刊物办得美轮美奂，成为读者忘不掉的名牌。

3. 掌握市场经济的又一个重要法则

注意开展市场调查，追踪读者，根据读者的信息反馈来安排最适合读者阅读心理的内容和栏目。这一点也为早期办刊者所重视。比如中国的"鸳鸯蝴蝶派"刊物，根据从读者那里掌握到的信息，把栏目设计得很巧妙，有小说、笔记、诗话、杂谈、灯谜、笑话等等，都是对读者具有强烈吸引力的娱乐性、趣味性、传奇性栏目，为了迎合读者不断变换的阅读口味，他们还常常随时令变化，推出新年号、消夏号、中秋号、青年苦闷号、恋爱号、情人号、离婚号、妇女心理号、国耻号等等。

4. 在价格上竞争

市场经济所存在的价格竞争，同样的货，谁便宜谁就好销，也反映在初期期刊的经营之中。比如 1881 年英国出版商纽恩斯就使用了期刊咨价低于成本，以扩大发行量和因之能够大量吸引广告来支持期刊的做法，它以这种方法经营了一本叫《趣闻》的刊物，获得成功。美国在 1883 年创刊的《麦克卢尔》杂志，也是低咨价，亏损以广告收入补助。这本在当时很精效的大型刊物，每本卖 15 美分。与此相似的，英国有《一便士百科》《一便士》杂志等。

5. 和广告结缘

期刊几乎一踏上传媒舞台，就和广告结缘。期刊活跃广告，广告滋养期刊。早期期刊中的广告虽然不能像现在这样多姿多彩，但却也是经过精心设计，充满匠意的．因此能够引起读者好感，给读者提供有用的商品信息。期刊与广告在市场经济轨道上日渐形成的相辅相成关系，是期刊能够在市场竞争中取胜的一个重要支撑点，有眼光的办刊者早已把它纳入自己要经营的战略之中。在介绍早期期刊的市场竞争趋势时，有必要说明的是：早期期刊的市场竞争总体上看是规则竞争，大家力求以自己超人一等的商业策略，以精心构思制作的优质产品，包括期刊的良好内涵和文化品格等来巩固自己的地位。谁做不好这些，谁就只好退出竞争舞台。优胜劣汰，这是早期期刊生生灭灭的主要原因。

（四）画面表现趋势

人类对大众传媒的需求，由抽象化变为具体化，由间接变为直观，亦即由借助文字变为借助文字与画面相结合甚而以画面为主，这是适应人类接受传媒规律的一个发展趋势。人类对传媒的这种要求，到了期刊出现的时代，有了进一步满足的可能。这时，人类用各种绘画手段描摹客观事物的能力日渐成熟了，印制的手段也日渐进步了，再加上期刊连续不断地出版，这就有利于满足读者充分欣赏画面和因画面而知晓实情的要求。早期办期刊的人很快就分析到画面对期刊的重要性，因此，像对待文字下功夫一样地对画面下功夫，甚至更下功夫。可以说，人类对传媒的利用由于期刊出现而进入了着力于画面表现的时代，或者说，期刊一诞生就担起了转变传媒以文字表现为主而变化为突出画面表现的历史使命，或者换一说法：期刊正因为有画面表现的巨大可能性而使它能够随着时代发展一直立于不败之地。

早期办刊者大都很倾心于画面表现。有的以画面反映时事，有的以画面描绘世俗，有的以画面抨击时弊（特别是漫画），有的以画面为读者提供幽默有趣的娱乐内容，特别是重大时事，比如美国国内战争、第一次世界大战，在当时期刊上得到了画面形式的充分而逼真的反映。这个时期，由于摄影技术处于初期发展阶段，照片制版印刷的技术尚不完备，所以期刊直接复制照片比较困难。但有的刊物采取了一种做法：到现场摄影，再比照拍出的照片以木刻、临摹等手段将它复现出来，便于印刷，印出来相当逼真。人们从这些画面表现中得到了对传媒直观具象化要求相当程度的满足。在中国，1884年就在上海出版了以石刻版印刷的《点石斋画报》、线装本、周刊，主要画家有吴友如。它以画面表现社会新闻、市井生活，也表现时事，如中法战争时期，就有中国军民对抗法国侵略军的绘画。这本画报办了十多年，在中国传媒转向画面表现这一发展中，有着自己的地位和作用。

以上所讲期刊早期的四个势不可挡的趋势，尽管刚刚出现，期刊还处在稚嫩阶段，但是，透过这些趋势所显示的期刊的生命力，所预示的期刊未可限量的前途，却令人刮目相看。

二、传媒骄子时期的发展趋势

20世纪上半期期刊之迅速发展，除上面说到的有利的客观历史条件外，还在于期刊编辑对于自身工作规律的进一步运用和发展。主要应看到以下三方面：

（一）以质取胜，通过信息密集，突出特色，创意策划，提高品格等等手段，把期刊制作推向精品期刊出版是复杂的精神劳动，它要求期刊工作者有眼力、有实力、有概括力、创作力和想象力。期刊工作者必须在这些方面达到层次较深的境界，练就十八般武艺，才能够制作精品，以一个又一个精品显示期刊成熟与辉煌。

进入20世纪以后，期刊精品产生的条件，无论从人力还是物力上都已经酝酿成熟，因而能够精品迭出。如美国的《时代》周刊，它反映美国以及世界各地政治、经济、文化、教育、科技、体育、娱乐等方面的动态和情况，记者网络遍及世界各地，做到迅速收集、信息丰富和独家报道，以此形成特色。《时代》周刊在制作上也力求精心完善，体现自己引人的魅力，以至于这本刊物的生动活泼、幽默简练的文章风格成为美国社会上流行的"时代体"。又如美国的《读者文摘》，它像沙里淘金，蜜蜂酿蜜一样，选摘或缩编各种报刊发表的优秀文章，保持原文的风格与文采，内容广泛，兼具知识性与趣味性，又以玲珑剔透的袖珍形式出版，获得了众多读者的欢迎。这些刊物在政治上是为资本主义社会服务的，起到如美国学者所指出的"统一美国人民思想"的作用，同时还起到以美国政治观点、美国文化、美国生活方式向世界各地渗透的作用。但这些刊物作为期刊文化制品，在抓取信息的强度、特色鲜明突出、匠心策划、追求文化品格等方面，以及其蕴藏了微妙的力量于敷陈其事、满溢智趣之中的宣传手段，还是很有借鉴之处的。此类精品在本时期不仅美国有，其他国家也有。精品是期刊生命力增长的有力显示。精品迭出，期刊长青。

（二）画面作用突现，对文字表现与画面表现的有机结合日臻完美

期刊的画面潜能，本时期由于和摄影技术全面直接接轨而得到更加充分的发挥。在上述美国期刊史著作中，作者曾以摄影对期刊的"撞击"，形容摄影画面出现给期刊表现力带来的质的飞跃。到了20世纪上半期，一般期刊几乎没有不在画面，特别是摄影画面上力求取胜的，而且努力做到把画面表现与文字表现有机结合起来，达到在体现主题思想上相得益彰的效果。这一时期开始出现以摄影画面为主要表现手段的画报，影响较大的当属美国《时

代》周刊老板鲁思于 1936 年创办的《生活》画报，它以丰富多彩的摄影画面形象大受欢迎，最高发行量曾达 850 万份。摄影资料在期刊界日益抢手，特别是那些可遇不可求的摄影资料，起到一幅画面胜过千言万语的作用。

画面的作用，还突出表现在期刊广告上。期刊广告已因为摄影画面技术的进步而越做越巧妙，越精美，越豪华。期刊广告除了活跃资本主义市场经济以外，和好莱坞电影一样，还起到装饰、美化资本主义世界"梦幻工厂"的作用。

在中国期刊史上，1926 年创办的《良友》画报，是较早出现的以摄影画面为主的期刊。这个画报内容丰富，印刷精良，发行量高时达 4 万册。尤为可贵的是这家画报曾不断刊登徐悲鸿、于右任、张大千、齐白石等人的书画作品，体现了中国画报所独有的民族传统特色。除画报外，二三十年代，期刊在刊登时事、社会、文化娱乐等方面的摄影作品上，也大有进步。1935 年邹韬奋先生在上海主办的《大众生活》，每期都有相当篇幅的时事照片，这是《大众生活》受到广大读者热烈欢迎的重要原因之一。

20 世纪上半叶期刊的飞速发展，主要原因在于进一步突现了期刊的画面表现趋势。期刊一旦掌握好摄影画面以及画面表现与文字表现的有机结合，它在表现手段上便能够进入左右逢源的自由境地。画面作用，特别是摄影画面作用突现，大大提升了期刊的地位，成为期刊呈现辉煌的一个重要原因。

如上述历史对照今天中国的期刊，则感到在画面调度上尚待提高。今天我们不少期刊只做到了以单一画面作封面，都是相似审美角度、相似情调、相似处理、相似效果的美化形象，给人的感觉缺少新意。另外，多数画面起的仅是补缀作用，甚至是与刊物内容关联甚微的填空作用，能够与文字起到珠联璧合的内在相辅相成感觉的画面比较少，充满匠意的画面则更少。那种胜过千言万语、可遇而不可求的画面，更少见到。不追求新闻性、真实性、创意性，单纯追求装饰性，这是走入画面使用的误区。我们的期刊要达到世界先进水平，还需在画面表现上用功夫，对有主题、有寓意、有抓人效果、有匠心、有嚼头的画面语言进行执着的追求。

（三）凝集产业实力，市场调查、发行推销、广告开拓等活动日益活跃

进入 20 世纪以后，西方期刊市场组织得以日渐完善，它表现在期刊行业行规的逐步建立，竞争规则逐步形成，也表现在期刊的市场调查、发行推销、广告开拓等业务活动结成有序的网络并日益活跃。更值得注意的是，将诸多不同经营单位结成一体的期刊集团也初步出现了。例如美国《时代》周刊，这个杂志社由一本《时代》而逐步扩展到《生活》《财富》《金钱》《体育画报》《人民》等近 20 种期刊，在 20 世纪上半期已建立了兼及出版图书的时代—生活图书公司。集团可以滚动和凝集更大的财力。财力越大，期刊在求开拓、求发展上就越能应付自如。上述各种经济活动起了增强期刊产业的作用，而期刊产业是期刊发展、创新与辉煌的实力保证。

关于 20 世纪上半期期刊之所以成为"传媒骄子"的客观与主观原因，已如上述。从这段历史中，我们看到期刊走向兴旺的三点规律性现象，即：以质量取胜，把期刊制作推向精品；画面作用突现，对文字表现与画面表现的有机结合日臻完美；凝聚产业实力，市场调查、发行推销、广告开拓等经济活动日益活跃。历史规律现象自然不仅这三点，比如，在这一时期里，期刊走向专业化的倾向愈加明显，使期刊既保持固定的读者群，又能构成雄踞一方的舆论阵势，这也是期刊发展成熟的一个重要表现。

三、迎接挑战时期的发展趋势

从总体上看，在严峻的挑战面前，期刊沉着地以自我调适和不断开拓新领域的方式，努力巩固着自己的地位。特别要看到的是，挑战也给期刊带来了机遇，绝大多数期刊编辑善于把握机遇，使自己的工作出现更胜一筹的新变化。例如：

（一）花样翻新，出奇制胜

期刊力求花样翻新，用更加撩人的形象和斑斓的色彩抓住读者，用各种出奇制胜的手段招徕读者，如刊物广告散发香味，刊物附有折叠小玩意儿等。

利用印刷技术的日益精进，以尽人摩掌把玩的高返真画面，胜过一眼而过的电视。像《蒙娜丽莎》这样的名作，可以高度仿真地印在期刊画面上，读者面对这样的画面有感同身受的效果，不弱于在罗浮宫拥挤的人群中观赏，且可以尽心尽力地琢磨品味。一幅《清明上河图》，可以采用高度仿真印刷和折页的方式，既做到画面清晰，又做到画面完整。这些都是在电视屏幕上难以实现的。期刊不断以这些创新和变化胜过电视，并以此与电视争夺广告客户。而在这些创新、变化过程中，无疑加强了期刊自身的表现功能，扩展了期刊的天地。

（二）丰厚内涵，设计多彩

期刊力求丰厚自己的内涵，设计丰富多彩的内容，特别是电视表现手段难以胜任的推理思辨内容。期刊还力求增加信息量，以此胜过电视。一些期刊在经济信息、体育信息、娱乐信息等方面从版面上看几乎达到浓得化不开的程度，因此充分满足了读者的要求，而电视屏幕容量是有限的。这些变化，丰富了期刊的内在表现力，加大了期刊的分量。

（三）电视的流行，使期刊开拓新领域

电视的流行，使期刊这一具有娱乐色彩的大众传媒开拓了一个娱乐的新领域：宣传电视文化、电视消息、电视明星和电视节目。不仅大量期刊为此开辟了栏目，而且出现了专门的电视刊物。电视刊物初见于 20 世纪 50 年代，随着电视的普及，大发行量的电视刊物也接踵而来。到目前为止，此类刊物几乎成为许多国家的期刊中的强项。美国的《电视指南》，发行量高达 2000 万份。大发行量的电视期刊已成为期刊产业的重要支柱。

（四）电视的挑战，使期刊集团化进一步发展

期刊集团只有扩大了产业力量，才能在任何挑战面前立于不败之地。以美国时代集团为例，1989 年，时代公司投资 10 亿美元兼并了另一家以娱乐业为主的美国华纳公司，合并后的时代华纳公司，既从事图书、期刊出版，也从事影视、音乐、娱乐等经营。1995 年 9 月，时代华纳公司又透漏将与美

国另一传媒透纳广播公司（以 CNN 有线电视节目闻名）合并，合并后将从事电影、电视、广播、新闻、出版等多种经营活动。期刊从接受电视挑战进而走向与电视一体经营，这无疑又是一种前所未料的新发展，它将对人类传媒的格局产生什么样的影响，现在还难以沽垦。

期刊在电视挑战面前，没有倒下，而是利用新的机遇更加壮大自己。这表明：期刊自身有很强的生命力，只要善于调适和开拓自己，不论碰上什么强手，遇到多大困难，都能够处于不败之地。这应该也是一条信得过的规律。今天，有的办刊人有时感到路窄了，难办了，心力交瘁了，在这种情况下应该多想想如何调适和开拓自己，也许只需要转换一个思路就可能柳暗花明。比如老年期刊，品种虽多，但大都是为老年读者提供休闲保健信息，为老年人生活增添情趣。能不能换一个思路呢？比如，我们所办的老年期刊大体上以 65 岁上下的人为读者对象的话，不妨对读者作这样的设想：这些读者能够具有 65 岁的人生经历，具有 55 岁的正常体魄，具有 45 岁的事业进取心，具有 35 岁的自信乐观，具有 25 岁的朝气，又具有 15 岁的童心。能不能把这些都集合在一起，办出一本老年人看了以后，既不回避自己的生理实际，又乐观、豁达、充满朝气的老年刊物呢？办出这样一本刊物来，很可能会倍受老年读者欢迎。善于转换思路，是期刊工作者能够化险为夷、立于不败之地的重要保证。

第三节　著名学者的编辑思想

每个时代所编辑出版的文学作品，它们在很大程度上反映了那个时代所代表的社会文化思潮，而认识和把握社会文化思潮的变化就必然不能忽视那些重要编辑的贡献。在中国编辑历史发展的长河中，编辑作为编辑出版活动的主体，无论是对文化的认识，还是对社会的思考，编辑都责无旁贷地承担着作为时代的中流砥柱对于国家文化建设、社会发展和个人进步的现实使命和历史责任。编辑家作为文化的组织者和传播者，通过自己的编辑出版工作来影响和推动时代文学的发展、社会文化的进步。编辑思想是编辑在长期的编辑实践中对其编辑经验的深刻感悟和系统总结，研究编辑家的思想对提高编辑素养，建设编辑队伍，把握当下文化发展方向，传播民族优秀文化，发展中国文化产业都有着重要的作用。

一、叶圣陶的编辑思想与启示

纵观叶圣陶多年的编辑出版生涯，剖析其具体编辑出版的实践，可以探知总结其编辑出版实践思想的特点：编辑工作也是教育工作，一切为了读者，乐于提携后辈，严谨务实的编辑作风等等，这也造就了叶圣陶身上与众不同的编辑出版家气质，质朴平实，淳厚方正。

（一）叶圣陶的编辑思想

编辑与教育两轮一辙，出版事业也是教育事业，这是叶圣陶从事编辑出版近七十年得出的思想总结，同时也是他独具特色的编辑思想理论中最重要的一点。纵观古今，叶圣陶是编辑出版史上将编辑出版事业纳入教育范畴，视编辑出版的教育属性为根本属性的第一人。

1. 编辑与教育"两轮一辙"的编辑理念

早年从事教学工作的叶圣陶，对于中国填鸭式的教育手段深恶痛绝，职业转为编辑以后，叶圣陶依然热切关注中国教育的发展，同时化编辑为平台，通过办刊物来实现他的教育主张。在长期的编辑出版实践中，叶圣陶摸索出编辑出版事业与教育事业其实是两轮一辙的关系。

在工作性质上，编辑出版事业与教育事业都是以生产和传播精神文化为主的精神活动，具有强大的社会教化功能。叶圣陶认为，编辑出版工作是以影响和改变人们观念为基本目的的精神生产，它和教育工作传授文化知识的性质是一致的。一个人在成长过程中获取知识有两大渠道：直接渠道和间接渠道，基本上，教师的教学活动为直接渠道，书籍阅读为间接渠道，因此说，无论是教育还是编辑出版，都从事着给人们提供知识信息的工作，都对人们的思想观念产生影响。所以，从根本上来说，编辑工作也是教育工作，它能够影响人们的精神世界，指导人们的实践活动，具有社会教化作用。这也就意味着编辑应该提供高质量的出版物，思想内容要求健康正确，知识信息要求科学准确，语言文字要求规范适宜，装帧设计要求美观配合等等，这样才能够给予读者正确的引导，有益于社会整体文化水平的提升。

在工作方法上，编辑出版工作与教育工作都需要适应知识接受者的心理，遵循他们的心理发展规律，把握其精神需求。教师面对的是学生，编辑面对的是读者，同样都是知识信息的传播者和接受者，教师需要了解学生的心理成长状况，把握他们的思想动态，对症下药，采用科学的适应的教学方式传授知识，学生才能最大限度地接受和消化。而编辑和读者同样是如此，编辑工作者在编辑出版物之时，必须掌握目标读者的心理发展规律，了解他们的精神文化需求，根据目标读者的特点来确定适应的出版内容及出版方式和风格，只有在考量目标读者特点的基础上编辑出版的产品才是最适合读者的，才能最好地实现出版价值。这也是叶圣陶的《开明国语课本》成为经典教材的最大原因，《开明国语课本》就是站在其目标读者，即低龄儿童的角度上来编写的，无论是课本内容、语言风格，还是版面设计，都是按照低龄儿童的心理发展状况以及接收信息特点来设计的，因此出版之后大获全胜，深受小读者与家长的喜爱，也获得出版界和专家的一致好评。

在工作目标上，编辑出版工作者与教师都具有服务性功能，致力于教育培养人才。叶圣陶认为："我们做的工作就是老师们的工作，我们跟老师一样，待人接物都得以身作则，我们要诚恳地以平等的态度对待我们的读者，给他们必要的条件，让他们成长为有益于社会的人"。教师在教学活动中，为取得良好的教学效果必须树立学生意识，学生为教学中心，各个方面服务于学生，努力将学生培养为对社会有益的人才。编辑出版工作者同样如此，在编辑出版过程中一切为读者着想，树立读者意识，不仅在出版内容上适应读者不断变化的精神文化需求，而且以出版为园地，以刊物为工具，培养读者，发掘新人。叶圣陶就很重视培育新人、提携后辈，丁玲、巴金、戴望舒、施蛰存、沈从文……这一串在中国文学史上熠熠发光的名字，都是叶圣陶推介给世人的。胡绳、吴祖光、臧克家、彭子冈、徐盈等人也都是在叶圣陶的提携之下，成为有名的学者、记者、剧作家及诗人等。叶圣陶的慧眼识珠、伯乐相马成就了一批有志青年，给中国编辑出版史留下了不少佳话。

2. 倾心读者、服务读者的编辑宗旨

"有所为，有所不为"是贯穿叶圣陶一生编辑出版事业的巧本原则，也是他一切为了读者的根本表现。叶圣陶曾在开明书店创建 60 周年纪念会上阐述它的定义："'有所为'，就是出书出刊物，一定要考虑如何有益于读者，'有所不为'，明知对读者没有好处甚至有害的东西，我们一定不出。这样做，现在叫作考虑社会效益，我们决不为追求经济效益而不顾社会效益，我们决不肯辜负读者。从早先动荡年代为国家命运奔走呼号，以报刊为阵地开启明智，到和平建设年代将编辑工作视为教育工作，提高国民素质，培养合格公民，这是'有所为'；在封建势力昏厥、反动派倒行逆施之时，为读者利益与之抗衡，突破文化封锁与文化专制，则体现了'有所不为'。"

无论是叶圣陶主持的出版社，还是主编的刊物，都以身作则地体现了"有所为，有所不为"的原则。开明书店在叶圣陶的领导下形成了鲜明的"开明风"，叶圣陶曾用四句话阐释："'有所爱'，爱真理，即爱一切公认、正当的道理。反过来是'有所恨'，因为无恨则爱不坚。恨的是反真理。再则是'有所为，有所不为'，合乎真理的才做，反乎真理的就不做。一般朋友中间做人是这样的。虽无标语，但确实以此态度做人，以此态度做出版编书等事。"这话并非夸夸其谈，开明人确实是在用实际行动验证着，经过长期的编辑出版实践，开明人统一形成严谨踏实、认真负责的作风，开明书店出版的书籍刊物也都是精良之作，老作家柯灵曾高度赞扬过："在开明书店卷帙浩繁的目录中，你休想找出一种随波逐流、阿世媚俗之作。"而叶圣陶自身主编的刊物，如《中学生》《小说月报》《开明少年》等等，都表现出强烈的时代印记，格调健康，思想积极，贯穿着进步向上的精神，具有鲜活而旺盛的生命力。

叶圣陶时常将出版书籍与写家信两相对比，家信如若写的不好，受坏影响的仅是个别，而编书、写文章的坏影响则传播范围极广，后果不堪设想。尽管一个标点一句话的错误，对编辑而言只是工作上的小失误，但对读者来说却是贻害无穷，重则影响一代人。因此，叶圣陶认为，编辑要秉持着"有所为，有所不为"的原则，将书刊质量放在第一位，将对读者负责作为不可逾越的底线。

3. 为人作嫁、甘为人梯的编辑精神

叶圣陶是一个优秀出色的编辑出版家，他深谙作者这个角色对于整个编辑出版事业的重要性。老作者需要用心去维系，保证基本的文稿来源，然而不应满足于此，发掘更多的新作者，获取更多的新文稿，才能给编辑出版带来新鲜血液和新生活力。因此，鼓励创作、奖励新秀，是编辑出版事业可持续发展的根本保证，也是叶圣陶极为提倡的。

叶圣陶始终坚持鼓励创作，重视自来稿，采用不问作者名望地位、不以个人感情好恶评判的审稿原则，由此他发掘了很多可造之才，创下了不少佳话。尤其是在《小说月报》代编期间，在他的慧眼识宝下，《小说月报》升腾起了几颗光华灿烂的明星，轰动文坛，光照史册。

叶圣陶对作者的求贤若渴，甘为人梯，并不仅仅止于《小说月报》。实质上，他做了一辈子的编辑，他也一辈子都在致力于鼓励创作、发掘新作者。曾在第一届全国出版会议上，叶圣陶作了这样的开幕辞："这还不够，我们要鼓动凡是有著作能力的朋友都来著作，大家定起计划来，提起笔来。我们的国家这样大，人口这样多，出版物是只嫌其少不嫌其多……出版界需要大量的稿子，愿全国的著作家都听见这句话，慷慨地兴奋地提起笔来，为广大的读者群，也为整个的出版界。只要你们的稿子有益于人民，谁都乐意保巧把它出脱把它大量地推销……"圣陶激情饱满地呼吁，对新人新宿的召唤，尽显一个优秀编辑出版家的编辑人格与编辑理想。

（二）叶圣陶编辑思想的启示

叶圣陶是一个伟大的编辑出版家，他在近七十年的岁月里为编辑出版工作鞠躬尽瘁，创办主编了一批有时代影响的刊物，主持编写了众多经典教材教辅，发掘提携了一代有志青年，提炼总结了一套独具特色的编辑出版理论。他的思想至今仍有深远的影响。

1. 重中之重：对出版教育属性的认识

叶圣陶的"编辑出版与教育两轮一辙"理论是其编辑出版理论中的重中之重，也是其最具个性化的认识，这是结合了几十年的教育经验及编辑出版本质属性研究后作出的科学论断，对于当下编辑出版工作具有重要的启示和借鉴意义。

现如今，在市场经济与科技发展的挑战下，编辑出版行业问题重重，竞争愈演愈烈，市场越来越混乱，编辑质量良莠不齐，复制现象严重，出版商为了经济利益无良出版，给予读者错误的引导，这都是编辑出版的教育责任与文化责任缺失的表现。编辑出版与教育的两轮一辙，启示着当下的编辑出版工作者，不能将编辑出版工作视为单纯的经济行为，而应该把教育贯彻在整个编辑出版事业中，将教育思想与编辑出版思想融会贯通，始终保持编辑出版的教育属性，这样编辑出版才能成为传播积极健康思想文化、正确指导人们实践的有效工具，才能实现编辑出版的真正价值。

2. 伯乐相马：对作者的惜才之道

（1）鼓励创作、奖掖新秀

编辑出版事业的发展需要新作者，需要新文稿，更需要像叶圣陶一样的编辑，毫无利己之心，有着博大的胸怀、兼容并蓄的选稿标准、为人作嫁的精神，主动发掘人才，为扩大作者队伍尽心尽力。

现如今很多编辑固执己见、偏执自我，或以作者名望地位为限，或以关系亲疏为度，或以自我感觉为重，不重视自来稿，不尊重多种风格，不举荐新人，不服务作者，选稿方式、文稿风格单一，导致刊物内容单调乏味，缺少多样性，毫无活力可言，这对于编辑出版事业的长期发展来说多有贻害。而叶圣陶鼓励创作、奖掖新秀的编辑精神对于当今编辑来说具有重要的借鉴意义，不执拗于固定的选稿方式，不偏执于单一的欣赏风格，以文稿质量为衡量标准，忽略对作者名望的考量，重视文稿来源的多样性，用心鼓励培植新作者，给编辑出版带来源源不断的发展动力，这是现当代编辑应当所为的。

（2）慧眼识宝、沙里淘金

文坛伯乐，这四个字对于叶圣陶来说实至名归，他不仅有甘为人梯的精神与风范，还有独具慧眼的天赋与本领。他就像一个过滤器，能鉴定功用、衡量才识，总是能在堆积如山的稿件中一眼相中有价值的文稿，再用心培植，为有才识的作者走上文学道路鸣锣开道，这一切都展现了叶圣陶高尚的编辑素养与人格魅力。

放眼当下，很多编辑不具备这样的素质，很多有价值的文稿终究石沉大海，很多有潜力的新作者也只是昙花一现，现代编辑出版事业亟须叶圣陶这种为人作嫁的精神以及慧眼识英雄的本领，需要编辑们培育一颗奉献之心，练就一双如炬慧眼，这是一个长期培养的过程，需要编辑逐步形成、逐渐提升。

（3）良师益友、人文关怀

叶圣陶就是这样一位儒者，身为接引他人入文学殿堂的一代宗师，依然纡尊降贵、俯身关怀底层作者，永远都是有功而不居功，他的师恩教泽、他的清纯平易、他的高洁美德，无不让人铭记于心。

然而纵观当代编辑，如此用心对待作者的能有几个？大多数编辑与作者的来往仅限于工作，生活中毫无交集，更别提体贴入微、关怀备至了。甚者有些编辑居功自傲，对底层作者颐指气使，这种情形易造成两者关系疏离，也易打击作者的创作积极性，进而影响文稿质量。如何建立编辑与作者之间的良性关系，是编辑出版的一个重大课题，叶圣陶与作者的相处之道给这个课题提供了上好良策，用心相对，朋友之道相待，两者关系方为长久而互益，这需要当今编辑用心体会、真诚学习。

3. 春泥护花；对读者的育才之心

（1）有所为、有所不为

叶圣陶在漫漫十年的编辑出版生涯中，时刻都把读者放在心中，一切都为了读者，有利于读者的事情尽力做好，不利于读者的事情坚决不做，彻底贯彻"有所为，有所不为"的原则。

然而，在现代社会的经济利益诱惑下，当今有些编辑已然把编辑定位为商人，在权衡社会利益与经济利益的关系时，通常把经济利益放在第一位，着眼于眼前利益，唯利是图，出版一些充斥着不健康思想的书籍，对读者产生严重的错误引导，对读者极其不负责，这种置读者巧益于不顾的做法对于出版物的长期发展而言毫无益处。当代编辑应该将叶圣巧的"有所为，有所不为"内化为自身的编辑准则，每一步都应该在为读者着想的宗旨下进行，将空洞的实现社会效益的口号转换为脚踏实地的实践。

（2）竭诚服务、倾心奉献

"能在脚中存读众，孜孜砖巧味弥甘"，这是叶圣陶曾在论述其为读者着想时生发的感慨，在叶圣陶一生的编辑出版事业中，他所做的每一件事，几乎都是在为读者考虑，是不是读者需要的，如何做才更有益于读者，他始终都是这样问自己。

而从根本上来说，读者是编辑出版实践的风向标，编辑出版成果的检验者，编辑出版发展的根本动力，了解读者的需求，就是抓住市场机遇，满足读者的需求，就是实现出版价值，这对于当今编辑出版发展有着重要的启示意义。当下很多编辑在处理编辑与读者关系的问题上认识严重不足，仅从自我出发，以自我臆想为行动出发点，不切实了解读者的实际需求及意见，往往出版的刊物并不符合读者的心理期待，有的甚至无人问津，造成出版物严重的供过于求现象。因此，无论是立足于编辑出版发展的根本宗旨，还是编辑出版的实际效益为出发点，读者的需求都是编辑必须考量的重要因素，为读者服务也是编辑应该做到的。

（3）培育扶植、提携后进

叶圣陶在编辑出版事业中不仅自身成就斐然，而且惠及他人，提携了众多文学青年和可造之才，如巴金、丁玲、施蛰存等文豪大家，如胡绳、陈原、彭子冈等作家学者。

但如今像叶圣陶这种编辑为数不多，当代编辑能做到为读者考量，为社会效益牺牲经济效益，已属难得，更别提担负培养读者、提携后进的责任。然而培育扶植读者，发掘可造之才，实际上对于编辑出版的长期发展作用不可小视，读者和作者的身份在一定程度上是可以实现转换的，对读者进行精心培育，可培养他们的写作兴趣，提升他们的写作水准，从而成功转换为作者角色，为编辑出版提供新鲜稿源，增加出版物的风格多样性，注入新鲜血液及活力。

因此，当代编辑应该以叶圣陶为楷模，出版对读者有教益的书籍，注重对读者素质的培育，挖掘读者的发展潜力，为读者的成人成才尽一份力，同时也给编辑出版的可持续发展提供不竭动力。

4. 精益求精：对编辑的自身之求

（1）求真务实、严谨认真

叶圣陶对编辑出版工作的认真负责在当时的出版界是出了名的，他本身的个性人品、对出版教育属性的看重、一切为了读者的出版宗旨等等，这一切都注定了叶圣陶求真务实的编辑作风。而之所以他主持或参与编辑的出版物大多都是精良之作，有很好的市场，深受读者的热捧，甚至至今仍在再版重印，这也都是其严谨认真的结果。

纵观当下的编辑出版界，竞争愈演愈烈，数字出版与传统出版你争我夺，整个出版界浮躁不安，出版质量也随之呈下降趋势。为了抢占市场，编辑们仓促应对，编辑质量无法保证，整个出版市场良莠不齐。此外，很多出版社开始将重心转移到出版物的宣传与发行上，编辑加工环节不受重视，可谓是本末倒置、舍本逐末。出版本是文化产业，内容为王，这种粗制滥造的现象应及时得到遏制，当下编辑应深刻反省，学习叶圣陶在编辑出版工作中严谨负责、求真务实的精神，努为出版有益于读者、有益于社会、有益于文化的书籍。无论身处哪个时代，出版发展到哪个阶段，对出版负责、对读者负责都是编辑出版工作者始终应秉持的信仰。

（2）精益求精、与时俱进

"精益求精"这四个字，对叶圣陶来说极为合适，他一辈子严于律己、以身作则，工作中不仅严谨认真，而且还锐意改革，鼓励创新，不巧提升自我编辑水准。不仅如化对待年轻编辑，他同样谭淳教诲，努力培养，功求培育出编辑出版优秀的后继者，为读者、为社会贡献文质兼美的文化大餐。

而在新媒体发展势如破竹的今天，出版业面临着空前的挑战，对编辑出版人员的素质也有了更高的要求，不仅需要过硬的专业技能，还需要博大精深的知识化科学创新的头脑、高尚无私的职业道德、与时俱进的观念等等，编辑出版工作者亟须自我提升与完善，以适应读者适应时代不断变化发展的需求。可以说，叶圣陶对编辑工作后辈的教诲也正迎合着当前编辑出版工作的要求，现代编辑应该以叶圣陶为楷模，他对编辑出版工作的严谨负责、一空不苟、求真务实、追求创新等为学习重点，不断提升自乾凶符合新时代晚编辑出版发展。

二、周振甫的编辑思想与启示

周振甫，中华书局编审，是中国现当代出版史上著名的学者型编辑。他实事求是的态度、质疑求证的科学精神、高尚无私的职业道德以及谦和平易的人格魅力赢得了读者的推崇、作者的信任和业内人士的尊敬。

（一）周振甫的编辑思想

1. "编辑应入学者流"的编辑观

（1）编辑与学者是两位一体

"编辑"是编辑理论概念体系的元范畴，也是编辑起点。据不完全统计，各种编辑学理论著作中对编辑概念的不同表述达百余种，见仁见智，但都不能逃离编辑工作性质具有依附和从属性的论述。人们对编辑工作的不可替代性的价值意义没有很好的认识，这也导致编辑的社会地位得不到认可。在编著一体的中国古代，当朝编修之职相当于学术领域的"宰相"之位，其学术成就和社会地位都是相当高的。纵观中国的编辑出版史，不难发现，几乎所有的名编辑都同时是大学者。孔子、司马迁、刘向、纪昀、戴震如此，张元济、叶圣陶、吕叔湘、周振甫、傅游综亦如此。可以说自古以来，编辑与学者本无天然之分，只不过有原本是学者和后来成长为学者的区别罢了。但是随着近代编著分离，"学者"和"编辑"都成了独立的职业之后，"学者"依然是令人仰视、尊敬的称谓，而"为人作嫁""跑龙套"却成了"编辑"的代名词。即便是想搭上一高大上的名称，最后也只能跟"杂家"相患而且此"杂家"还并非是历史学上"兼儒墨，合名法"的彼"杂家"，更多的是取其工作的杂七杂八，打杂性质罢了。近年来，随着编辑学科的建立，编辑学理论的不断丰富，编审工作的优化、创新、文化传播与存储功能得到多方面的阐述和论证，其地位有所提高，可依然没有跨越编辑作为文化人被低估的境遇。就连很多编辑从业人员也是自轻自贱地调侃，编辑是小知识分子，而作者、学者才是大知识分子。

（2）学术研究工作是编辑工作的有机组成部分

也许直到现在，人们一提起编辑工作，很多人会认为只不过就是一种在案头上进行的雕虫小技，而且人们总认为圈圈点点，复制和粘贴就是编辑必备的谋生技能。面对这些错误的认识，周振甫先生却旗帜鲜明地提出，编辑工作应该要进行学术研究工作，学术研究只是编密工作的一部分。

周振甫主张编辑工作要进行学术研究工作。他引述了《汉书·艺文志》里对刘民遍校群书，刘散作《七略》的记载和章学诚在《校雠通义》关于编辑工作的阐述，说明古代编辑所要做的工作包括"从版本、校勘、审读加工、定本到学术评价再到对学术史的演变等在内，少了一项就无法完成编辑工作"。这里提到的版本、校勘、审读加工是属于现代的编辑工作，而学术评价和学术史的演变则是现代各研究所、高校学者所从事的工作了。

狭义上的编辑工作同样也要进行学术研究工作。周振甫认为"把现在编辑室里主要的审读加工工作称为编辑反而是显得不够"。审读加工只是在编著成书和采录注释后的一步工作，是编辑工作的一部分。如果将审读加工这一步的工作看成是编辑工作的全部，则有以偏概全的不足。狭义上的编辑工作限于拟定选题、组稿、审读加工、校对等环节。周振甫坚持哪怕是做狭义范围上的编辑工作同样也离不开学术思想的探索。因为编辑在审读时，发现书稿中的问题，要去弄清真相、解决问题，就得探索著者的学术思想以及书稿中所涉问题的来龙去脉。因此，即便是围着书稿转的编辑工作同样也要进行学术研究工作。

2. "亦师亦友"的作者观

（1）尊重但不盲从

在几十年的编辑实践中，与周振甫合作的作者大多是学界泰斗和知名专家，周振甫对这些作者是格外地尊重。在与他们的交往过程中，不管是在什么场合，周振甫都是他们的字号相称，从不轻易直呼其名。适然这是小细节，正所谓以小见大，由此也可见周先生对作者们的极度尊重。作为一位学者型编辑，周振甫深知创作的甘苦，他非常了解和理解作者对自己作品的感情。因此，对于作者的书稿，他都极为珍视，从不任意改动作者的作品。另外，即便是就书稿中的某些巧题提请作者修改，他的用词也是非常谦勉恭敬的。周振甫在编校童书业先生的《春秋史》时，发现书稿中在论及孔子政治学时，以《论语》里的语录为据得出孔子不重视人民、迷信上帝的结论。对此，他做了充分的资料收集，论证了孔子具有民主思想并且是提倡"仁不忧，知不惑，勇不惧"的思想家。他在给童书业的信里逐条、扼要地分析了自己的意见，最后还写道："大著名必有征，钩稽采获，深入浅出，具见苦也，甚佩！惟于孔子之论稍与鄙见相违，敢尽言以求质正，仆亦非感自信其必当也。惟先生裁之，幸甚！"由此可见，即使是在论证充分的情况下，他对作者提出修改意见依然是委婉、让人易于接受的。

周振甫对钱钟书的学术巨著《谈芝录》《管锥编》的编校补益以及为毛主席诗稿纠正传抄错漏和笔误，都充分体现了他不管是面对学术大儒还是伟大领袖，于其书稿首先是尊重、学习但也绝对不盲从。这种不卑不亢的编辑态度正是时下编辑从业者应该学习的。

（2）虚心向作者学习

在出版界为周振甫举行的表彰座谈会上，他曾说："要说我有什么成就，还得感谢那些作者……"这绝不仅仅是句谦虚的客套之辞，也是他发自内心的真诚谢意。周振甫一再表示读钱钟书先生的书在学术上可以得到不少知识。他的《诗词例话》做增订时，其增补的《喻之二柄》《喻之多边》《曲喻》《倒装》等精彩论述均引自《管锥编》，而《对偶》中的当句对则引自《谈茗录》补订本。当时《管锥编》还未出版，开明版的《谈艺录》也不容易找，所以周振甫增补的《诗词例话》在海外引起了强烈的学术反响。他后来撰写《李商隐选集》和《中国修辞学史》也有多处是引用钱钟书的《管锥编》和《谈艺录》的论述。因此，周振甫说："不论谈修辞，谈诗论，谈李商隐的诗论，谈李商隐的诗注，谈〈周易〉注，没有不是依靠钱先生的学术著作。"周振甫读了赵朴初的曲子《哭三尼》后认真向赵朴初学习怎样谱散曲；根据司马光的《通鉴·赤壁之战》一文学习怎样对文章的材料进行取舍、组织和加工……周振甫通过不断地向作者化及作者的书稿学习，并从中得到有益的补充，这也成了他的一条治学之道。

（3）热心为作者服务

在日常的编辑工作中，周振甫更多的是抱着为作者服务的思想来开展工作的。将凝聚自己心血和思想的文字变成铅字出版，带来社会影响是大多数作者从事创作的目的和初衷。周振甫不但提出好的修改建议尽全力帮助作者完善书稿，甚至顶着政治压力想方设法保护、传播作者优秀的学术成果。1958年，周振甫担任了公木先生《先秦寓言选释》一书的责任编辑，为这本书提出了不少好的建议，使书稿更臻完美。当书稿要出版时，公木先生被错划成了右派，周振甫为了让这本优秀的寓言选本能及时地与读者见面，向公木先生建议由其合著者朱靖华单独署名才让书稿得以顺利出版。

周振甫热诚地为作者服务还体现在生活上的关也。钱钟书在将《谈吉录》交由开明书店出版之际写过两首《谢振甫送纸》的诗，其中就有"子安有稿在腹，子野成文于也。真惭使纸如水，会须惜墨如金"。的诗句。在那个物质匮乏的年代，对于需要大量稿纸的作者而言"纸"真是金贵之物。

3．"读者利益第一"的读者观

（1）时刻记住对读者负责

周振甫对读者负责的编辑宗旨体现在适应读者、引导读者的选题原则上。"拟定选题时，要了解读者对象的需要，不要闭口造车，要出口合澈。适合读者需要的书，才能起到为读者服务的作用。"他自己的著述也有好些就是因为应读者的要求而开展的。周振甫在提到自己撰写《鲁迅诗歌往》的原因是说道："臧克家先生的《毛主席诗词讲解》出版后，因为我配合作了一些注，就有一位读者来信建议我做鲁迅诗注。"钱钟书的《谈玄录》《管锥编》出版后，周振甫作为责任编辑撰写了多篇评价钱钟书本人及其著作的文章并出版对钱氏著作具有导读作用的著作，如《读对我启发意义的〈谈艺录〉》《〈管锥编〉是一部怎样的书》《钱钟书的文学研究和方法论》《钱钟书先生谈艺略记》《谈艺录补巧本的文艺论》，还为蔡田明审读了《〈管锥编〉述说》一书。送些著作为读者了解钱钟书提供了史料和素材，为读者阅读钱钟书的作品提供了及时、有效的引导。周振甫在其编蟹加工的书稿或是自己的著作要出版时，都会写《出版说明》或者是写在"前面的话"，或者是以序、跋的形式来向读者阐述著作的宗旨、写作经过、大体结构和所具特色，以此来帮助、引导读者更好地阅读作品。

对读者负责的编辑宗旨还体现在周振甫照顾读者阅读习惯的编辑体例上。钱钟书的《谈艺录》和《管锥编》的原稿都是读书笔记。周振甫细心地发现书稿没有目录，读者阅读、查检不便，所以费尽心力地为两书编写了符合文义的提要性小标题。此举不仅极大地方便了读者也为他赢得了钱钟书先生的信任。在《〈文心雕龙〉今译》的编排上，周振甫对译文的安排做了特别的处理。他依据文章把每篇文章分成若干段，于每段下配有精当的译文，以便读者将译文与原文进行对照，并且此书集校、注、释、译于一体，这些都是为了让读者能够在阅读时更方便、更实用。

（2）为读者奉献精品书稿

对读者负责，始终将读者的利益放在第一位说到底就是要为读者编辑出版高质量的作品。周振甫先生也一直认为多出精品好书，便是给读者最好的服务。他在众多的书稿中，通过审读、判断、选择和取舍，筛选出最好的作品；在灿若星辰的作者中，挑选出最好的著述者；在审读加工过程中消除错字，特别是在书稿通读、核对中一次次发现、正视、纠正自己工作中的疏漏……所有这一切，都体现了周先生以读者利益为重的工作宗旨，这一点在他编发普及读物方面表现尤其突出。

为读者奉献精品书稿首先体现在他对所编发的普及读物的内容定位上。他一直以青年学子及具有中等文化水平的读者作为自己编辑的古典文史普及读物的目标读者。中国的文学典籍所包含的内容相当广泛，按照体裁则可分为诗、词、散文、小说和戏曲等，可现代读者感兴趣的是前四类。周振甫深知在中国古典文史这个巨大的宝库里，广大读者最感兴趣的只是宝库中那些最耀眼的明珠。所以，他把文学典籍普及的内容定位在我国最优秀的文化典籍上，针对每个领域最经典、最富艺术魅力、流传最广的作品来做选题策划。而且通过经他手编辑出版的古典文史普及读物的书目还可以发现，其策划的选题几乎包含了中国历朝历代最有成就的文学形式和最著名的作家作品。

4.“传帮带，重实践”的编辑人才培养观

（1）重视编辑技能的传、帮、带

编辑是一项最需要传承的工作，一是传承文化，二是编辑技能的传承。

古籍的整理编辑工作相较于普通的书稿编辑来说具有特殊的难度，对编辑的知识储备和专业要求更高、更严格。想做好古籍整理工作和做一名称职的古籍编辑都是十分不容易的事情。对于古籍编辑、整理事业来说，最重要的是人才的培养。周振甫在青年编辑和后辈学者培养方面做到以身示范，重视传、帮、带。

对于年轻编辑的成长，周振甫向来关注，并且他待人温良平易，谦虚热诚，凡是有人向他请教，他总是给予谆谆指点，提供可查找的文献，帮助做注解。冀勤回忆了自己在点校《元稹集》时，得到了周振甫先生的指点和帮助，具体细致地教她写校勘记，诚恳地告诉她在运用理校法时，如果没有丰富的学识，将很难做出准确判断。正是由于周振甫对她在校记上所提出的意见，使《元稹集》在点校质量上有了保证，而且对她的专业水平的提高帮助也很大。为她后来校点宋人吴淑撰注的《事类赋注》进行审稿，提意见指点改正，使自己得到了进一步的锻炼和提高。指点她怎样写《校点说明》。冀勤直言，在写完《事类赋注》的《校点说明》后，感觉自己比点校《元稹集》时有了提高，这正是因为周先生丰富的学识给予无私的指导，自己才能写出较从前有进步的文字。

（2）提倡青年编辑参与各种形式的编辑实践

周振甫在《谈谈开明的编辑工作》一文中回忆自己刚进开明书店化跟随的就是宋云彬、王伯祥这样的编辑名家，从他们身上不仅学到了编辑技能，而且深受他们专业、执着的敬业精神的熏陶，一进社接手的就是《辞通》这样的重要项目……所以自己才能很快地成长为一名出色的编辑。因此，在青年编辑的培养方面，周振甫不但身体力行，全力帮助身边的青年编辑提高业务技能巧水平。同时，他还希望出版社能让年轻的编辑广泛地参与出版社里各种形式的工作，只要是适应编辑的工作都可以参与，不要受岗位职责的限制，学习当年开明书店的做法——"需要做校对的就做校对，需要编讲义的就编讲义，编密工作不限于选题、组稿、审稿、加工。"

周振甫认为开明书店让青年编辑参与编书的做法是一个给予青年编辑锻炼和提高的好方法。通过自己找资料,对资料进行整理、选择或是通过对收集来的资料进行编排改写,这样的经验可以帮助编辑在审稿时考查书稿对资料的取舍组织是否存在问题,从而提高审稿水平。但令周先生遗憾的是,出版社很少给年轻编辑提供这样的锻炼机会。即便提供了机会,出版社在这方面的工作也是做得不够,对年轻编辑既没有严格的要求也没有充分的指导,也就不能很好地起到培养人才的目的。所以,他希望出版社对青年编辑的培养不仅要在常规工作中通过老编辑一对一的业务指导来夯实基本功,培养业务能力,也要在不断的实践中学习编辑技巧,更应该让青年编辑参与社里的重要选题,让他们的业务能力在大项目中得到锻炼和提升。

(二)周振甫编辑思想的启示

周振甫擅长的是"编辑匠"的工作而最后成就的是"编辑家"的伟业;他本着学者的心态从事编辑工作最终完成了编辑与学者双重学术构建;他近七十年来的执着与坚守让"周振甫"成为人们心中对书籍品质认可的一种无形保证……无论是他的为人、为学、为事业都可以引发我们的思考,让我们从中获得诸多有益的启示。

1. 理想主义:编辑成功的动力

通俗地说,理想主义是编辑基于信仰的一种追求,是编辑为拥有更高、更美好的未来而进行的艰辛探索和不懈努力。范军教授曾说"出版本质上是理想主义者的事业",而编辑、印刷和发行是完成现代意义上出版的三个重要环节。所以也可以说编辑不仅仅是一个"为人作嫁"的技术工种,更是一个需要将"追求"和"良知"作为信条放在首位的岗位,它是一个充满了理想主义色彩的职业。编辑的理想主义是编辑将人生目标、个人社会信念与编辑出版事业的紧密结合。它体现为编辑自觉地把个人追求与责任使命相统一,并为达成此项统一而全力以赴的探索和全力奉献的精神。理想主义也是编辑取得事业成功的坚实基础。

编辑的理想主义是编辑对个人价值以及编辑职业价值的一种肯定，表现为对编辑职业的认同感。有人从事编辑工作仅仅是视其为一种谋生手段，而有人却将编辑工作看作是一项值得为之奋斗、奉献一生的事业。两者的差别就在于对"编辑"一职的认同度上。回顾我们的编辑史，但凡有成就的编辑家们都是对编辑职业有高度认同感的从业者。叶圣陶是我国知名的教育家、文学家和编辑家，但他曾经说："如果有人问起我的职业，我就告诉他，第一是编辑，第二是教员。"周振甫先生认为编辑是一项崇高的职业，他以刘向为榜样希望成为一流的编辑和学者，他一生只以编辑为职，把所有的学识和美好年华都付诸中国古典文学的编辑出版事业。因此，不管是叶圣陶也好，周振甫也罢，他们都是具有高度职业认同感的编辑。这种高度的认同感不仅成就了他们优良的工作作风，而且也是他们取得辉煌成就的前提。

2. 职业技能：编辑的执业之本

从工作需要上来看，编辑的审稿加工是出版物生产的必备环节。编辑对书稿的审读加工也是编辑学研究体系里一个最基本的环节。随着电子书的兴起，有人认为图书这个行业只要有作者和读者这两个环节就行，其他的都不重要，连出版社都可以不必存在了。那编辑就更没有存在的必要了。对于这个问题，张立宪先生用了一个比喻来以予还击。他说："每个人都可把饭做出来，但饭馆依然存在，专业厨师依然有存在的必要。"其实，编辑的审稿是对书稿思想性、科学性进行判断和抉择的过程。编辑对书稿的语言文字、标点、段落格式等细节的检验、加工就是一个内容的再呈现。编辑是一部作品的第一读者，经过编辑的审读加工，作者的书稿才能日臻完善，更好地达到出版的要求，顺利地到达读者手中。

从编辑工作的社会价值来看，编辑把关不严，工作失职会造成谬种流传的恶果。姚涌彬在《"编辑匠"工作的价值》一文中，列举了自己曾在一本研究中国古代报纸源流的专著中第16页发现其引用的一个西汉故事存在着诸多知识性的错误，首先是把汉昭帝时的霍光变成了汉景帝的大臣，然后说

"景帝是继武帝而即位的",造成"子死父继"的荒谬之言,还有"朱买臣"的名字连续两次写成了"朱买巨"。姚涌彬指出:"如果作者轻率在先,编辑失职在后,酿成的后果就是白纸黑字,谬种流传。"反过来,这也证明了编辑的审稿加工具有不可忽视的社会价值。

从编辑自身的发展来看,"编辑匠"是"编辑家"的必经之路。周振甫的经历其实就是一个从编辑练习生到编辑匠再到编辑家的过程。通过他的成功人生,我们可以看到要想当"编辑家"必须先做好"编辑匠"的工作。不能一味地追求成"家"就只重视专业知识的积累和进修而忽视编辑技能的训练,只想策划选题而不愿意做文字编辑工作,只希望多参加社会学术活动而不愿意案头整理加工,甚至把字斟句酌的审稿工作看成是多此一举,精编细校也变得可有可无……这些一心只想成"编辑家"却鄙视"编辑匠"的行为,是对编辑职责缺乏明确认识,不懂得编辑家的成长规律的表现。

3. 以编促研:编辑的治学之道

由于所编书稿内容上的专业性和学术性,对编辑提出了要进行学术研究的客观要求。其根本目的,既直接促进学术文化的繁荣和发展,又提高编辑的出版水平。但是得合理安排时间,立足编辑本职工作,选择与编辑工作有关或者相近的学科来从事学术研究活动,不是为了出名成家而大改其道,另外搞一套。只有这样才能让编辑工作与学术研究相辅相成,编带研的同时以研促编。只有当我们把"想干什么"与"能干什么"相结合以后,事物才具备了某种必然性,才会有成功的希望。

相较过去,以编促研实施的可能性大大增强。除了编辑工作环境为编辑进行学术研究提供了长期的学术熏陶以外,现在的编辑一般都是高学历者,可以说本身就具备了一定的学术素养,这也成为编辑向学术研究迈进的一个客观条件。为了把编辑工作与学术研究更好地结合在一起,首先得端正目的。明确编辑开展学术研究工作是为了更好地完成编辑工作,这样才能排除分散精力、占用时间的矛盾。如何将编辑的日常工作与学术研究相结合?针对这个问题，王建辉在《新出版观的探索》一书中提到了"读书与读稿相结合"，在审稿中做学术笔记和思考作为日后学术研究的资料。当然，我们还可以将写作与编辑应用文撰写相结合、把与作者沟通和向作者学习相结合。这样一来，最大限度地利用编辑工作的内容和工作环境为开展学术研究工作做准备。有了端正的目的，得当的方法，再加上持之以恒的毅力，"学者型编辑"就是一个可望亦可及的梦想。

4. 德才兼备：编辑的品牌之魂

扎实精深的专业技能包括个人学识和业务能力。只有在所在领域拥有丰富的学识、有深刻见解的编辑才能得到作者、读者的信任，才能有机会出版好的作品，赢得口碑和市场。因此，扎实的专业技能是编辑建立自身品牌的基础。这也就是为什么周振甫转至中华书局做编辑以后，钱钟书则将自己的《管锥编》《谈艺录》补订本交给中华书局出版，还指定由周振甫做责任编辑的关键因素。

心无旁骛、坚持执着是周振甫尤其为人称道的优秀品质。编辑是份寂寞的职业，耐不住长期的寂寞就做不成好编辑。周振甫在近七十年的编海生涯里，把独属编辑的这份寂寞融化进为了将个人价值融入传承、普及中国优秀传统文化的编辑事业里。编辑工作也容不得马虎和错误，一旦成错将贻误他人。其实，周振甫对编辑工作的心无旁骛也好，坚持执着也罢，都属于他的敬业精神。这种敬业精神体现在他对编辑职业的热爱、对读者的高度负责、对传承优秀文化事业的无比忠诚。对编辑而言，只有坚持这种敬业精神才能够为读者提供优质的精神产品，为整个社会营造良好的文化氛围。

编辑个人品牌应该包括从业资质、行为规范和个人风格三个维度。不同的资质所要求的行为规范不同，所形成的个人风格也不一样。它们只与作者、读者以及同事具有相关性。医学编辑与文学编辑不同，策划编辑与文字编辑不同，报纸编辑与图书编辑又不同，从这一点说编辑品牌的内容没有一个统一的精准。编辑需要在个人品牌形成的过程中亮出自己最夺目的闪光点，可能是最专业、最敬业、最诚信、最严谨……总之，找出自己与众不同的优越之处。而深厚的学识，扎实的业务能力、淡泊名利的襟怀、精益求精的作风化及心无旁骛、坚持执着的敬业精神这些是"周振甫"牌的编辑品牌内容。对于编辑个人品牌的建设，这只是一个可资借鉴的参照，并不是能够提供复制的模板。虽然如此，但编辑要成功地成为一个品牌，不管是站在作者还是读者的立场上，德才兼备永远是这种品牌的灵魂、核心要素。

第二章　期刊编辑的审稿技能

第一节　审稿的定义、性质与意义

一、审稿的定义

审稿从广义上讲是指对稿件进行审读、评价、选择并通过编辑加工整理决定采用的稿件达到出版水平的编辑活动，在稿件处理的各个环节中都有体现，包括审读、审改和审定等工作内容。但在出版工作实践中，通常使用狭义的"审稿"概念，指作为编辑过程环节之一的，对稿件进行审读、评价，决定取舍，并对可接受但需要修改的稿件提出修改要求和建议的工作。从某种意义上讲，审稿工作是对即将投入社会传播过程的精神产品进行质量的把关，以促进优秀作品出版，防止有害或低劣的作品流入社会。

二、审稿的性质

审稿与一般浏览和阅读不尽相同，区别主要在于三审人员不是根据自己个人的观点、爱好、情趣来审视稿件，而是代表社会和读者对稿件进行理性判断。它也不同于专事研究的学者对研究资料的阅读，而是从出版专业的角度，对稿件内容由表及里、由浅入深、全面挺进、重点攻坚、部分反复地进行审视，以做出取舍稿件的决定，随后提出修改建议并退回作者修改或言辞委婉地退稿。审稿在出版方与作者签订正式出版合同之前进行，对是否签订此合同起着决定性的作用，因而是阻挡出版风险最坚实的一堵墙或控制出版风险最重要的一道关口。在此关口，三审人员必须实实在在地分析、记录稿件中出现的问题。

审稿是组稿工作的延续，是对组稿工作的检阅与校准。作者递交的原稿是组稿工作的成果。原稿的质量与特点可以反映策划、组稿工作的成效。组稿是介于策划与作者交稿之间的工序，三审人员可以通过后续的审稿工序，以策划方案及组稿前、组稿时调整过的设想来衡量组稿工作在稿件中的实现程度，逐步完成对组稿工作的检阅，并视实际需要改正组稿工作的疏漏与偏差，从宏观与微观两方面，扎扎实实地为稿件的质量把关。

审稿是审校工作中承上启下的关键一步。稿件是否继续在审校过程中流转，是先经过作者修改提高，然后再进入编辑加工的环节，还是直接进入编辑加工的环节，抑或是退稿，就看审稿的结果怎么样。审稿不仅仅是把关，从各方面看稿件是否符合出版要求，或者根据现实情况看是否可以经过处理使稿件达到出版要求，它还有一个重要的作用，那就是整体了解、把握稿件，为编辑加工整理打好基础。

三、审稿的意义

（一）审稿是坚持出版方向和为先进文化传播保驾护航的第一道关口

审稿的过程，是判断稿件并对其作出评价和选择的过程。作为期刊生产过程中承上启下的重要工序，作为稿件的第一读者，编辑是握有决定稿件取舍权力的先进文化的忠诚卫士。在审稿的过程中，编辑要时刻不忘自己肩上的责任，把握自己手中的产品——期刊的主旨是否符合先进文化的发展方向；期刊内容是否有学术或艺术价值；期刊的表现形式是否符合读者的口味，是否适合市场的要求，这是决定该种期刊是否得以生存以及生存期长短的主要因素。

一方面，要保证好的稿件畅通无阻，顺利过关。对于那些好的稿件或基本方向正确但存在某些不足的稿件，编辑应大力扶植、热情帮助。另一方面，对于那些所谓的新观点和奇谈怪论，要时刻保持警惕，阻止坏作品乔装打扮，蒙混过关，牢牢把握导向是否正确，传播的文化内容是否健康、积极、向上。一味地追求潮流和时髦，没有知识底蕴和内涵的出版物，最终只能是一堆文化垃圾和腐蚀读者灵魂的精神鸦片。在期刊生产的重要岗位上，编辑要担当起抵制落后、消极、腐朽文化的重任，使先进文化得以顺利传播。

（二）审稿是决定期刊质量高低的重要关口

每部稿件完成后，都有一个再审视、再修改、再提高的过程，这种审视、修改、提高，在多数情况下都是由审稿者协助作者完成的。审稿者出于对该专业领域新成果的企盼，出于对稿件完美质量的希冀，出于这种积极的心理和工作的热情态度，必然会对稿件的观点、理论、结构、体例、材料、形式以及文字表达等进行审视。从这个角度说，审稿不仅仅要对稿件进行评价与挑选，也要对那种有一定基础但还存在一些问题的稿件提出切实可行的修改方案，因而，这不仅是个慧眼识珠的问题，也是个把好或决定稿件质量关口的重大问题。

（三）审稿是对编辑水平的集中考验

审稿能力是一位编辑能否应对编辑工作的重要指标。**编辑审稿时如果错发坏稿或漏发好稿，均是编辑工作失职、不称职的表现。编误判漏发，说明了拒绝采用的编辑自身职业素质还未及格。审稿是对编辑本职工作能力的集中检验**。显而易见，一个审不了稿件的人是无法从事编辑工作的。目前，国家已经提高了书刊编辑的准入门槛。相当一个时期以来，书刊编辑入门过低，这直接影响着我国书刊出版的质量，影响了我国出版业在世界范围内的声誉，威胁着国家的意识形态安全。因此，2001年由国家人事部、新闻出版总署联合发布的《出版专业技术人员职业资格考试暂行规定》等规定，只有获得中级资格，才能被聘为编辑，即可以做责任编辑，有审稿权。而要想参加中级资格考试，大学本科毕业必须从事出版工作满四年，硕士学位获得者要参加出版工作满一年。国家从 2002 年开始实行职业资格制度，并于同年 9 月 22 日首次举办全国出版专业资格考试，考试通过人数 5458 人，通过率为 36.92%。显然，要胜任期刊编辑工作，就必须在思想道德、文化理论、期刊编辑出版理论上有较高的水平与较强的能力。

（四）为社会发现、培养人才

编辑发现、培养人才的关键环节在审稿。只有通过审稿，编辑才能真正看到作者的学识、写作水平乃至思想品德。审稿者既要善于从众多的稿件中挑选出优秀的作品，在发现优秀作品的同时发现优秀的人才，又要透过各类"舍掉"的稿件发现优秀的创作人才，并与这些作者保持经常的联系，对他们着力进行扶持。这样才能使作者队伍不断壮大，并保持较高的总体水平。也只有这样，出版单位才会有不竭的优秀稿件来源。正是由于上述因素，1997 年国家新闻出版署发布的《期刊质量保障体系》明确"审稿是编辑工作的中心环节"。

第二节　审稿的制度与方法

一、审稿的制度

（一）审稿制度简介

在我国，三级审稿责任制度是国家规定并长期实行的出版单位审稿制度，是我国出版工作的基本制度，也是现行的审稿制度。三审制于出版管理而言是一种制度，于审读稿件（稿件）而言是一种审稿流程。责任编辑（编审、副编审、编辑、具备一定条件的助理编辑均可担任责任三审制是指编辑）对稿件进行初审（一审），编辑室主任（副主任）或由杂志社领导委托的编审、副编审进行复审（二审），社长或总编辑或者社领导委托的编审、副编审进行终审（三审）。三审制对各个审级都规定了具体的人物，在程序上交叉互补、递进制约，既可以实现对稿件客观、公正的评价，也可以避免由于编辑人员知识不足和工作疏忽造成的失误，有助于对稿件质量的严格把关。

（二）审稿制度的历史回顾

近代出版业的一个特征，就是编辑工作作为独立的工种而被分离出来，产生了以他人著作为工作对象的编辑人员，而编辑的重要职能就是审读作者的原稿，以便向社会提供有益的精神产品。因此，在近代，任何一部图书的出版总是和编辑的劳动（包括审稿劳动）分不开的。

其实，古代一些期刊也凝结着编辑的劳动，同样需要经过审读原稿的工序。一部二十四史的编纂工作就是如此。宋代编辑《册府元龟》时，真宗就"手劄"规定过"日进草三卷"的审稿制度，亲自审稿，"凡悖恶之事及不足为训者，悉删去之"，还"摘其舛误"跟主编一起研究讨论。明代解缙主编的《永乐大典》，是由于永乐皇帝（朱棣）审查初稿时表示不满才返工重编的。清代为了编纂《四库全书》，除了设立专门机构"四库全书馆"，还规定了一整套的编辑方法和制度。乾隆皇帝弘历曾多次"圣谕"提出《四库全书》的编辑要求、审稿办法和审读意见（有对内容的意见，也有批评编辑们疏忽的）等。乾隆要求"详悉校阅，编辑缮录，以次呈览，候朕鉴定"。凡是经他同意的就"拟请刊刻"，凡是不同意的则"命删去刊行"。

近代资本主义的出版机构，随着编辑部门的健全而逐渐充实了其编辑的审稿力量。1949年中华人民共和国的诞生，以中国共产党领导的社会主义出版事业在全国范围内开始了新的发展阶段。杂志社的编辑队伍空前壮大，并很快确立了社会主义杂志社的一项重要编辑制度——期刊三级审稿制度。1952年10月由国家出版领导机关公布的《关于国营杂志社编辑机构及工作制度的规定》中就指出："每一篇文章从采用到公开见刊，应经下列基本程序：一切采用的稿件均应实行编辑初审、编辑室主任复审、总编辑终审和社长批准的编审制度。"并指出："编辑部对每一稿件都应负政治上与技术上的责任。"

经过二十多年的实践，到 1980 年 1 月，当时的国家出版局颁发了《杂志社工作暂行条例》，其中的"编辑工作"环节又重申了"三级审稿制度，即编辑（或助理编辑）初审、编辑室主任和总编辑复审和终审。某些重要的稿件可以由比较多的人审读、讨论决定。某些稿件，则可以按照具体情况省去一些工序。各级审查都应有书面意见"。这是在坚持实行三审制的前提下作了灵活的规定，也是在总结实践经验的基础上对三审制的进一步改善，所以是完全正确的。这种审稿制度是党的群众路线和民主集中制原则在编辑工作中的具体运用。它有利于发挥各级编辑的集体智慧，对各级审稿有不同的要求与职责，是对科学文化精神产品的严肃态度，有利于稿件质量的提高。实行三审制是对可以出版的原稿而言，即发稿权在总编辑。如果是总编辑自己的著译，那么总编辑就处于作者地位，因此也要交有关编辑室指定责任编辑处理。总编辑虽然有终审权，但不经过责任编辑发稿的做法既不合审稿制度，也难于及时发现稿件存在的问题。至于一些自投稿和不合出版要求的退稿，则规定由编辑室主任决定处理，必要时才交由总编辑终审。

（三）三审制的含义及作用

三审制是"三级审稿责任制度"的简称，是由初审、复审和终审三个审级组成的审稿制度。初审由具有编辑专业技术职务或具备一定条件的助理编辑担任，复审由具有正、副编审专业技术职务的编辑室主任一级的人员担任，终审由具有正、副编审专业技术职务的社长、总编辑（副社长、副总编辑）或由社长、总编辑指定的具有正、副编审专业技术职务的人员担任（非社长、总编辑终审的稿件意见，要经过社长、总编辑审核）。三审制三个环节缺一不可，任何两个环节的审稿工作不能同时由一个人担任。

三审制是对审稿程序的一种规定，是我国出版单位依靠分级负责与集体智慧来保证出版物质量的一项基本工作制度。三审制利用程序上的交叉互补、递进制约，以减少审稿工作的失误，在提高出版物质量、优化出书结构、保证出版方向方面起着十分重要的作用。审稿分为三级，一级对一级负责，互相监督，互相制约，可以增强编辑人员的责任意识；同时由于各级审稿者在审稿过程中看问题的角度和侧重点各异，不同审读者的意见可以互相补充，互相借鉴，集思广益，使审读意见更加全面深刻，更加符合原稿的客观价值。

（四）三审制的程序

通常情况下，稿件的审读由具有不同资质的人担任。这里以稿件审读为例分析，初审由编辑或具备一定条件的助理编辑完成，复审由编辑室主任完成，终审由总编辑或副总编辑（或指定的副编审、编审）完成。但也有例外情况，如某些选题涉及重大原则问题或敏感问题，有些稿件内容过于复杂，一般过程的三审并不能够妥善解决所有的问题，就应该增加审次或审稿人数，而有的稿件的终审，因该稿件内容的要求或其他原因，可由总编辑、副总编辑委托并经社长同意的编审与副编审担任（其审稿意见须经总编辑、副总编辑审核）。

需要强调的是作为制度的分级审读的三审制，在任何情况下都应该坚持，每个审级的责任在任何情况下都不能被随便取代。只有三审通过后，才能签订相应稿件的出版合同并进入加工阶段。

（五）三审制的各审级任务

1. 初审

初审是对稿件进行全面检查，作出评价，提出处理意见。初审是编辑部工作中的基础性工作，担任初审的责任编辑的水平高低和认真态度，对提高期刊质量和出书效率极为关键。初审是三审制的基础，必须认真把关，逐字逐句审读稿件。初审编辑要对稿件的政治导向、思想倾向、学术或艺术价值、结构体例、文字水平等方面进行全面细致的审查，对全书的优缺点要进行实事求是的评价，同时对稿件的经济效益、社会效益方面的出版价值作出评估，并写出比较中肯的审读意见。最后以审稿报告的形式提出自己的处理意见，以表明是否可以采用，是否需要退改以及如何退改，是否需要请社外专家外审等等。

在三个审级中，作为基础的初审工作量最大，任务最繁重。初审者只有对全部稿件进行认真、细致的审读，才有可能在全面了解稿件内容、体例结构、特点、形式、文字的基础上对稿件的政治导向、思想倾向、社会价值和文化学术价值以及全稿质量做出客观的、实事求是的判断与评价，也才有可能对其社会效益与经济效益做出合理的预估，从而为复审和终审提供一个分析与评判的基础。

2. 复审

复审是在全面了解稿件内容的基础上，从更高的角度审核初审的审读意见是否中肯，对稿件的内容和形式再度把关，对原则性的问题和初审未能解决的问题表明自己的看法、提出处理意见。如果初审不符合要求，应退回责任编辑重新审读。一般来说，复审者用于某部稿件的时间与精力不及初审者，但他应在审读全部稿件、了解全稿基本情况的基础上对某些部分进行更为仔细的审读，这就要求复审者要站在比初审者更高的层次，以更高的要求来审视稿件，审核初审报告，以复审的意见向终审者提供决断依据。

3. 终审

终审的主要任务是根据具体情况，或者审读全稿，或者根据初审、复审提出的问题有目的地抽审部分内容，并在此基础上审查初审、复审意见，对稿件的质量和形式，从全社和全局的角度考虑稿件是否适宜出版，提出稿件是否采用的决定性意见。终审既要解决初审、复审提出的问题，又要发现初审、复审未能发现的问题，要进行全面的、最后的把关，是编辑审读工作中的关键环节之一。

虽然在三个审级中，终审所花的时间与精力相对最少，但因为终审的处理意见是决定性的，终审的重要性自然不言而喻。从政治方面而言，终审要审查稿件的政治导向与思想倾向，还要从更高的角度审视稿件是否有违党和国家的方针、政策、法律、法规、规章、制度；从文化方面而言，终审要考虑稿件是否有悖社会主义精神文明建设的宗旨和社会道德规范，是否是徒然浪费人力、财力而无益于社会文化积累的平庸之作；从出版业务方面而言，终审应从本社的专业分工、出书范围、出书特色、种类结构、品牌营造、经济实力诸方面综合考虑，避免重复出版、比例失调等情况的发生。

终审者首先应对初审者、复审者的审稿意见有全面、充分的了解，对于初审者与复审者提出的问题，应表示明确的看法，对意见相左的审稿报告，尤其应予以重视，必要时应召集初审、复审一起商量，相互交流与沟通，以期最终达成一致。一般稿件，终审者可以重点抽查部分内容进行审读；重点稿件或内容复杂、难度大的稿件，应进行全面的审读或约请多人予以审读。在此基础上终审者才能就稿件的处理提出决定性的意见。

（六）外审

外审是指将属于重大选题或专业性特别强，本社审稿人员对内容质量不易把握的稿件送交社外专家或有关部门审读，不是三审以外的另一审级，而是编辑部门在审读中由于缺少专业人员或对稿件难以作出准确评价和恰当判断时采取的特殊措施。进行外审有利于准确评价稿件，避免错误，提高期刊质量。外审者首先必须是专业人员。被聘请的外审人员应该具备以下条件：

1. 具有稿件所属学科领域的基本专业知识，了解该学科研究的进展和该学科专业著作的国内出版状况，有相当的文字功底或文字驾驭能力，学术上无门户之见，能进行客观的学术评价。

2. 外审者可以以特约编辑、特约编审、顾问、编委会委员等身份出现，不能担任责任编辑。外审意见只供本社决策者参考，不作为最终决定意见，外审者不应该着眼于文字方面的修改或是枝节问题的解决，而要把重点放在本社审稿者无法判断、解决的重大或专业问题方面。

二、审稿的方法

稿件的类型很多，不同稿件的主题、内容、结构、形式、性质也各不相同。对于不同类型的稿件，审稿的方法也不完全相同。从总体上说，审稿的方法有以下几个：

（一）通读

无论是组织的稿件还是自投稿，初审者首先必须对稿件进行通读。通读是了解稿件全部内容的唯一途径。一般情况下至少要通读两遍，第一遍是略读，从中帮助初审者大体上了解书籍的内容和特点，对于稿件的总体质量和达到的水平有一个大致的印象，从而使初审者对此后的审稿计划的实施做到心中有数，有所安排。如果认为稿件基本上可以采用或者认为经过一定修改加工以后能够达到出版要求则要做第二次精读。精读的目的在于验证编辑在略读中对稿件的了解是否到位，并对略读中产生的疑问做进一步探究、解决。同时，对重点、疑点部分进行抽读，以便使以后的审稿判断有更切实的依据。

（二）比较

比较是编辑在审稿过程中经常使用的方法。就一般情况而言，审读者对被审稿件所属的专业应有一定程度的了解，在审稿过程中才能通过掌握的专业知识对稿件所引用的材料、理论和阐述的观点进行比较。此外，也可以用已经出版的同类著作、辞典或资料汇编等工具书所提供的材料、理论、观点与之进行比较。这样可以具体了解稿件是否有创新与特色，是否在某些方面相对于已出版的作品具有独到之处，甚至可以对诸如剽窃之类的侵权行为有所察觉。比较的最大好处是可以去伪存真，并能够帮助审稿者对稿件材料与观点的新旧，作者视野的宽窄与见解的优劣以及稿件价值的大小等问题有一个基本的判断。

（三）分析

分析是将事物分成一个个部分，具体到审稿则是要求编辑按照一定的关系将文稿分成一个个局部，然后把握局部与局部之间的关系、局部与全局之间的关系。审稿时要对以下五个方面进行分析：一看主题是否正确、恰当、明确、新颖；二看材料是否可靠、充分，能否充分支持文稿的主张，材料之间是否存在矛盾；三看结构是否层次分明，是否主次详略得当，是否条理清晰，开头与结尾怎样，全文是否有内在的有机联系；四看手法与语言，手法是否得体、新鲜，语言是否准确、流畅、生动；五看体例、格式是否统一。

（四）综合

综合是指编辑审稿时综合多方面的情况与要求，来概括文稿的优缺点，做出基本评价，决定取舍。综合审稿最能反映编辑的工作特点、专业素质与业务水平。找出一部文稿在文字、标点符号上的差错相对容易，而归纳一部文稿的思想、学术理论、内文结构、写作方法的差错则比较困难。判断文稿的总体质量，编辑不可能像法官断案那样有明确、详细的法律条文，而往往是在仁者见仁、智者见智中现出见识的高低。对一部文稿，有时编辑们的意见会一致，有时则不容易一致。其间的水平高低主要是看编辑的综合思考与把握全局的能力。

综合审稿时，编辑必须对稿件的政治、科学、艺术、逻辑、文字、篇章结构、技术规范等方面进行综合思考，同时还要考虑外部的社会环境，如时代潮流、政治氛围、读者需要、社会效益等。

第三节　审稿的要求与标准

一、审稿的要求

审稿要求包括对审稿工作的要求和对审稿者的要求。

（一）对审稿工作的要求

对审稿工作的要求，就是应该从内容和形式两个方面对稿件质量做出评价。

1. 对稿件内容质量的评价

对稿件内容质量进行把关并做出评价，是审稿工作最基本的内容。审读各种稿件时，都应该从政治性、思想性、科学性、知识性和独创性方面对稿件的内容质量加以衡量和评估，这是审稿工作的根本性任务。此外，对有些类型和性质的稿件往往还需要从稳定性、艺术性等较特殊的方面进行评价。

（1）政治性

政治性主要指稿件内容所反映的政治立场、政治观点和政治倾向，包括涉及政党、国家、党政高级领导人、外交、民族、宗教等关系的现实政治问题。出版物应坚持正确导向，因此政治性是审稿的首要要求。对稿件政治性的最基本要求，是必须以马克思列宁主义、毛泽东思想、邓小平理论、"三个代表"重要思想和科学发展观为指导，深入贯彻习近平总书记系列讲话精神，坚持"为人民服务，为社会主义服务"的方向。牢牢把握社会主义先进文化的前进方向，弘扬以爱国主义为核心的民族精神和以改革创新为核心的时代精神，宣传社会主义荣辱观，大力倡导社会主义核心价值体系，促进和谐文化建设，为构建以人为本的社会主义和谐社会服务。政治性还要求稿件内容不能与我国现行法律法规的规定相抵触，不得违反党和国家的方针政策。

（2）思想性

思想性是指出版物内容反映的思想内容和思想倾向，有时与政治性相联系。对我国出版物思想性的基本要求，是坚持以科学的理论武装人，以正确的舆论引导人，以高尚的精神塑造人，以优秀的作品鼓舞人，从而为建设社会主义精神文明服务。这项基本要求具体体现为：宣传唯物论和辩证法，引导读者树立中国特色社会主义共同理想，树立正确的世界观、人生观和价值观，反对唯心主义和形而上学；宣传社会主义思想和社会主义道德，引导读者树立社会主义荣辱观；宣传爱国主义、集体主义和社会主义，传播先进的社会意识，宣传适应生产力发展和社会进步的先进思想；面向未成年人的读物，不得含有诱发未成年人模仿违反社会公德的行为和违法犯罪行为的内容，不得含有恐怖、残酷等妨害未成年人身心健康的内容。

（3）科学性

科学性是指稿件反映客观事物的真实性和准确性。科学性的具体内容体现为：尊重历史，尊重事实，透过现象揭示事物的本质和规律；准确表述各门学科的基本概念、基本原理和规律；正确使用和解释科学术语；认真分析和选择材料，引证真实准确的材料、图表和数据等。在科学日益进步的今天，要特别警惕伪科学的出现。

（4）知识性

知识性是指稿件所包含知识信息的容量与价值。知识性的基本要求是合乎科学。所以，稿件内容应该是经过条理化和系统化的人类优秀文明成果和生产实践的经验与总结。

（5）独创性

独创性是指稿件在内容或形式上的创新特点，包括理论创新、技术创新、艺术创新等。独创性表现为稿件在学术观点、资料发掘、题材开拓、艺术风格或表现形式等方面有超越前人之处，提供了前所未有的新东西。

2. 对稿件形式质量的评价

稿件的内容再好，如果形式的质量不到位，也会给读者的使用造成困难，起不到传播知识信息的作用。因此，对稿件的形式进行衡量并做出质量评价，也是审稿工作不可或缺的一个方面。对稿件形式质量的评价，主要包括对稿件的结构框架、行文格式、表述形式等做出判断。

（1）结构框架

稿件的结构框架是指稿件中的内容层次安排形式。结构框架的合理，主要表现为：各个部分的前后次序遵循一定的逻辑规律，体现出一定的系统结构；各个部分的内容不能互相矛盾；每个部分的阐述方式各具有同一性等等。

（2）行文格式

行文格式的统一，主要表现为各级标题采用互有区别的标志，而相同级别的标题均采用相同的标志；公式、图形与表格以及各种注释的格式标志应该一致。

（3）表述形式

稿件的表述形式是指稿件中对语言文字以及量和单位的应用状况。任何稿件的表述形式都应该符合相关的规范。否则，读者就会读不懂或者产生误解。

（二）对审稿者的要求

对于审稿者一般有以下要求：

1. 坚持稿件取舍标准

审稿者要按照先进文化的标准，坚持"以科学的理论武装人，以正确的舆论引导人，以高尚的精神塑造人，以优秀的作品鼓舞人"的宗旨，按照出版要求和有关规定，通过对稿件的阅读和研究，在从政治性、思想性、科学性、知识性、独创性等各个方面对稿件的内容质量以及从结构框架、体例、表述形式等方面对稿件的形式质量做出较全面评价的基础上，对是否接受出版做出选择。

2. 评价要客观、科学

对于一部稿件的取舍，是在对稿件进行审阅并做出客观、科学的评价和判断的基础上进行的。因此，评价与判断的客观、科学极为重要。以偏概全、带有过多的主观色彩，都是不客观的表现，都会影响结论的科学性；同样，评价与判断仅仅停留于表层，对于稿件的精髓或根本缺陷认识不清，缺乏科学性，显然也是不客观的。两者都无益于对稿件的正确处理。

3. 操作要规范

为了维持稿件的原貌和表示对作者的尊重，审稿者在审稿过程中不宜把意见直接用色笔批注在原稿上，以免稿面混乱。一般宜先用铅笔在有疑问的文字下面画线或做出其他标记；然后，把意见或用铅笔写在稿面相应的空白处，或用色笔写在浮签上，临时性地固定在稿面的相应空白部位。

对于电子文件形式的稿件，审稿者应该先做好备份，然后再开始审读。审读过程中可以对一般性的语言文字、体例问题采用变换文字颜色的方式进行标记，以便编辑加工时能够逐一处理不致遗漏，而对内容、框架结构方面的问题，可以用类似 Microsoft 以 word 中"插入批注"的方式标出，既在稿面上留有标记，又不会导致稿面混乱（批注的具体文字一般仅在光标点到批注标记时才显示），以便作者逐一进行修改或调整。

二、审稿的标准

审稿既然是精神生产不可缺少的内在环节，是以他人著作为工作对象，以给予正确评估选择为内容的创造性劳动，就需要解决一个评估、选择的标准问题。应当肯定，不同类型、不同层次的书刊，从自身的不同要求出发，都有其不同的审稿标准。这种标准有宏观的，也有微观的，有政治的，也有学术的、艺术的，还要考虑读者的需求和共享程度。一般地说，知识性读物和研究性读物不同，通俗性读物和学术性读物也不同。即使同是知识性读物也还有专业上、读者对象上的种种差异。但是从各种特殊的审稿标准中，是否可以寻找出一些带普遍性的主要标准呢？答案应该是可以而且必需的。这个标准，概括地说就是三个字：真、善、美。

（一）真

所谓真就是坚持真理，坚持文稿的科学性，也就是对文稿内容的科学价值做出正确的评估，这是编辑审稿的基础。如果一篇文稿的内容是不科学的、不正确的，即使用最好的形式来表达也必须将其筛选掉，不能让其面世。

科学是关于自然、社会和思维的知识体系，它是人们社会生活实践经验的结晶。每一门科学通常都只是研究客观世界的发展过程的某一阶段或某一种运动形式，审稿坚持真理性、科学性，就是要看被审的文稿是否具有充分的来自社会实践的材料，并运用正确的方法分析和综合这些材料，揭示事物的本来面目和发展规律，其预见性、科学性表现在不同的文稿中其要求是不一样的。在科学技术类稿件中，主要是看它在实践的应用中能否达到预期的结果；在文学艺术类稿件中，主要是看它是否真实地艺术地再现了社会生活，表现了人和社会发展的逻辑，反映了时代精神，并具有典型性；在学术著作类稿件中，主要看它有无新的创见，即是否提出了新的观点，提供了新的材料，总结了新的经验，采用了新的方法，还要看这些创见是不是真知灼见，是不是真有依据，真有道理。

鉴别文稿是否有创新是一个十分复杂的问题。古往今来科学研究很多，前人做了些什么，达到了什么程度，这是评价科研成果有无创新的重要依据。任何一个创新都必须在原有成果的基础上增加新的东西。这就要求审稿时对原有科研成果的高度有真正的了解，做到心中有数。如果心中无数，就要查找资料，作对比，请教专家学者，送请社外专家代审。当然，对待创新也要实事求是，不是说要求每一个稿件的内容全都要新，都是别人没有讲过的观点才能用，而是说起码要求它给真理增添了一点新意。

在鉴别一件新的科研成果，一项新的学术探讨和一种新的文学形式、风格时，常常会遇到不易判定、不易被大多数人所承认的情况，这就要求审稿者，一要有胆有识，敢于并善于审慎辨别；二要实事求是，"知之为知之，不知为不知"，切不可不懂装懂。对于精神生产中的不同流派和不同风格，对于科学和艺术探讨中的不同主张和不同观点，一定要贯彻执行党的"百花齐放、百家争鸣"的方针，鼓励他们客观公正地发表不同看法，鼓励他们在平等的讨论中分辨是非，区分优劣，切忌作简单化的粗暴处理。历史上有不少科学真理由不被承认到被承认，也有不少正确观点由开始的被认定为非科学到后来被认定为科学。比如，过去一段时间，人们不承认社会主义有商品经济，以为这是马克思恩格斯早有论述的，可是近些年来，我们在改革开放中突破了这种传统的看法，认为社会主义存在商品经济，并且把社会主义商品经济的发展看作是不可逾越的发展阶段，现在已经成为多数社会主义国家的共识。

在审稿中坚持真理，坚持科学性，还必须注意文稿的确切性，注意文稿中有无常识性错误；注意运用的材料，引用的言论，特别是经典作家的著作，党和国家的决议文件、法律、法令等是否完整，来源是否准确可靠，有无断章取义、模糊、损害、歪曲原著原作的情况。

（二）善

所谓善，就是讲究社会效益，也就是我们常说的价值取向。编辑审稿总要对文稿有用还是没有用，社会效益如何，等等，做出正确的评估。这是编辑审稿的核心。

《中共中央关于社会主义精神文明建设指导方针的决议》指出："社会主义精神文明建设的根本任务，是适应社会主义现代化建设的需要，培养有理想、有道德、有文化、有纪律的社会主义公民，提高整个中华民族的思想道德素质和科学文化素质。""我国文化事业的社会主义性质，要求必须把社会效益作为最高标准，要努力提高精神产品质量，以满足群众的广泛需要。"这既是我国出版工作的指导方针，也是我们审稿的最高标准。

把社会效益作为审稿的最高标准，首先要从大局出发，注意文稿的政治性。政治性的内容包括很多，主要是在政治上要同中央保持一致，坚持四项基本原则，同时还要注意文稿的论述是否符合党和国家的政策、法令，有无泄漏国家机密的问题、涉外问题，以及其他政治性问题，如民族政策等。必须严格区分政治问题和学术问题、艺术问题之间的界限，严格区分两类不同性质的矛盾。对于不违反四项基本原则而又言之成理、持之有故的学术问题，即使其观点与众不同，也不应予以否定，而应让其讨论争鸣。同时在坚持社会效益第一的前提下，也还要注意经济效益，在强调价值取向的主旋律时，也要注意多样性，以满足不同读者对不同精神产品的不同需要。

（三）美

所谓美就是完美的程度。评价一份文稿除了看它的内容是否真，价值取向是否善，还要看它的表达程度是否完美。完美的成果，应该是内容匀称、简练、结构严谨、逻辑严密、论证充分、文句流畅、赏心悦目，语言语法修辞合乎规范。如果一份文稿句法不通，标点符号使用不当，错字连篇，那就缺乏美感。有些内容正确，价值很高的文稿，因为文字表达不完美，缺乏可读性，而不能取得预期效果。

第四节 审稿的内容与程序

一、审稿的内容

审稿的内容是指对稿件的审查项目，即从哪些方面对稿件进行审查。审稿的内容很复杂，涉及的方面很多，概括起来，可以分为以下七项：

（一）政治内容

稿件的政治内容是我们审读一切稿件，特别是政治理论稿件必须首先注意的。对政治内容的审查包括以下几点：

1. 稿件内容是否符合马克思列宁主义、毛泽东思想的基本原理，是否符合党和国家的路线、方针、政策和法规、法令；是否符合社会主义现代化建设的需要；是否符合共产主义思想教育的要求；等等。要特别注意和党的十一届三中全会以来的路线、方针和政策保持一致，注意有无错误的思潮和观点。

2. 对经典著作、党和国家领导人讲话的引用是否准确。凡在稿件中引用经典著作中的语句、党和国家领导人的讲话，必须以人民杂志社或党报、党刊上正式发表的最新文本为准，一般应注明出处，决不允许断章取义、歪曲篡改、张冠李戴，或字句标点不准确等错误发生。

3. 是否泄露了国家的机密。在稿件中不允许引用秘密资料和内部文件，不允许涉及未经公布的计划，不允许宣传保密的科研成果等。

4. 是否有涉及我国领土主权、国际关系、对外关系等方面的内容。书稿中凡涉及领土主权、国际关系、对外关系等问题时，在提法上必须符合我国政府的有关规定。

5. 是否有违反民族政策等的地方。稿件中凡涉及民族等问题时，必须按照我国的民族等政策进行准确叙述，以防引起民族等纠纷。

6. 地图的绘制和表述是否正确无误。地图的绘制和表述要依地图出版社公开出版的四百万分之一的《中华人民共和国地图》的最新版本为依据。中国台湾、中国香港、中国澳门以及南海诸岛是我国领土不可分割的部分。

7. 使用国名、地名、人名以及团体、机关、学校的名称等是否规范化。

（二）学术水平

一部稿件能否采用，有无出版价值，除其政治内容以外，在极大的程度上取决于稿件的学术水平。因此，对稿件学术水平的审查，是审稿的又一个重要方面。对学术水平的审查包括：

1. 是否达到了科学性的要求。对科学性的要求要视稿件的具体内容而定。如果是政治理论类稿件，则主要看它所讲的道理是否正确，是否已被实践证明了的真理；如果是文艺类稿件，则主要看它是否塑造了典型环境中的典型形象，艺术地再现了社会生活的本来面目；如果是科技类稿件，则主要看它有无常识性错误，是否揭示了某一自然领域的发展规律；等等。

2. 是否具有较高的使用价值。如果是政治理论类稿件，就要看它有无创新性和针对性，是否回答了建设有中国特色的社会主义进程中提出的重要理论问题和实际问题；如果是基础理论类稿件，就要看它有无适用性、可靠性和相对稳定性，是否能对文学、艺术、科学、技术、政治、经济等的发展起到促进作用；如果是文艺类稿件，就要看它有无典型性、教育性和娱乐性，能否使读者在娱乐中受到潜移默化的教育和陶冶。总之，不论哪一门类的稿件，都应突出自己的特点，提高自身的使用价值。

3. 取材是否确凿可靠，论证是否实事求是。稿件引用的材料要有根有据，确凿可靠，决不能胡编乱造；论述要实事求是，合情合理，符合事物发展的客观规律。

（三）正文结构

对正文结构的审查包括：1. 稿件的结构是否严谨，章节是否分明，层次是否清楚；2. 内文和目录的题自是否一致；3. 阐述是否有条理，是否合乎逻辑，使人读后感到清楚、明白；4. 由多作者合作的稿件，要注意其文风、文字、体例等是否一致；5. 插图是否符合出版要求，图文是否相符；6. 表格的编排是否一致；7. 注释是否合理、确切，形式是否一致。

（四）语言文字

对语言文字的审查包括：1. 文字是否规范、工整、清楚，标点符号的使用是否正确；2. 行文是否简明洗练，词意畅达，通俗易懂，适合稿件特定的读者对象；3. 稿件中的某些提法、名词术语等是否合乎规范化要求，是否前后统一；4. 是否根据国务院的规定，使用了国家法定的计量单位；5. 容易混淆的文种、文体是否书写得正确、清楚；6. 翻译稿件除要忠实于原文外，还要注意是否符合汉语语法规范；7. 数字的使用是否符合国家的有关规定，是否前后一致。

（五）稿面质量

对稿面质量的审查包括：1. 稿纸的使用是否统一，稿面是否整洁；2. 是否有折叠页或加贴页；3. 是否用钢笔或毛笔来书写稿件；4. 稿件的前后顺序是否清楚。凡稿纸不一、稿面过乱的，稿件下面有折叠或旁边有加贴纸条的，用圆珠笔或铅笔来书写的，都应退请著译者重新誊抄或整理。

（六）辅文成分

对辅文成分的审查包括：1. 前言、目录、后记等是否齐全；2. 参考文献和各种附录是否必要、准确、实用；3. 内容提要、作者简介是否简明扼要，实事求是；4. 插页、题词是否符合出版要求。

（七）著作权

稿件一旦公开出版，就向社会宣布了其著作权的存在。保护他人著作权主要是指：1. 著译者在稿件中适当引用他人已发表的作品，在引用时应注明著译者的姓名、作品的名称和出处；2. 不得将他人创作或翻译的作品，当作自己的作品发表，不论是全部发表还是部分发表，也不论是原样发表还是删节修改后发表；等等。编辑在审稿时，要注意稿件中有无会引起著作权纠纷的问题。

二、审稿的程序

三审制是我国杂志社的基本审稿制度，《期刊质量保障体系》对其基本原则和实施办法做了全面规定。尽管由于稿件内容不同，审稿的重点、方法都不尽相同，但三审制是我国出版单位依靠分级负责与集体智慧来保证出版物质量的一项基本工作制度。

（一）编辑初审

根据《期刊质量保障体系》，初审应由具有编辑职称或具备一定条件的助理编辑（一般为责任编辑）担任。从事有关稿件全局性的大问题到涉及具体的细节问题，都在初审的责任范围之内。因此，初审要详尽阅读全文，要从专业的角度对稿件的社会价值和文化学术价值进行审查，把好政治关、知识关、文字关。

初审工作结束后，审稿者要以初审意见的形式，从以下几个方面对稿件质量做出综合性评价：

1. 稿件成功的一面，包括稿件从内容、形式到出版要求对选题编写意图的贯彻情况，稿件有哪些特点，效益预测等；

2. 归纳出稿件存在问题的一面，即差距和不足；

3. 处理意见，包括稿件取舍意见，提请复审人和终审人着重审查之处，对是否需要社外专家外审的建议等。

（二）编辑部主任复审

复审是指在初审工作基础上，对原稿再次进行审查，一般由具有副编审以上职称的编辑部（室）主任担任。复审是在通读全稿的基础上，对初审进行审查并做出总结，回复初审提出的问题，并将审读意见提升到更凝练、更准确的高度。具体工作包括：

1. 复核初审工作是否客观、全面、中肯；

2. 复核初审是否有遗漏问题；

3. 对稿件再次做出客观评价，如有与初审意见不一致之处或有较大修改意见时，要与初审者共同商讨，以达成共识，确实起到把关的作用；

4. 对复审中发现的问题，视具体情况或退回稿件至初审者重新初审，或决定聘请社外专家外审。

根据以上工作结果，撰写稿件复审意见，明确提出稿件采用、退修或退稿的建议。

（三）总编辑或副总编辑终审

终审由总编辑、副总编辑或由他们授权的具有副编审以上职称的人员担任，一般情况下可以采取抽查方式，审查若干重点的或有代表性的章节。但是对于涉及国家安全、社会安定等方面内容的重大选题，或在初审意见与复审意见不一致的情况下，应当审读全文。

终审的核心任务是对稿件的思想倾向、学术质量、社会效果、是否符合法律法规及政策规定等方面做出最终评价，并就稿件退修、退稿和采用做出最终裁决。需要注意的是，如果决定稿件退作者修改或采用，终审者要同时决定该稿件的责任编辑人选。

（四）终审后稿件处理

终审结束后，总编办编务人员要按照终审意见对稿件做出处理。终审意见退稿，要按照有关制度办理退稿手续；终审意见退作者修改，要通知作者，和作者进行退修稿件的对接，按照修改意见修改，必要时协调作者与初审、责任编辑（如果初审者不是责任编辑）就稿件的进一步修改进行研讨；如果采用稿件，要按照终审意见将稿件当面交给有关科室及责任编辑，并办理有关手续。

第五节　审稿工作中存在的问题与对策

一、编辑审稿中存在的主要问题

（一）编辑的审稿资格问题

　　能否对科技论文作出比较客观的价值判断，从而决定论文的取舍，编辑自身的审稿资格是一个很重要的问题。过去对编辑的任职资格不够重视，以致编辑的学历层次偏低，素质偏弱，在日益繁重的出版工作中，编辑倍感吃力，更重要的是出版物的学术质量受到严重影响。一般地说，编辑的学历应该相当或高于主要作者群的平均水平，其组稿策划能力、审稿改稿能力、检索和计算机应用能力要很强，这样才能适应现代编辑出版的要求。

　　（二）编辑的审稿能力问题

　　从现代期刊对编辑的要求看，一个成熟的编辑应该是专业领域的专家与编辑出版专家有机结合的复合型人才。编辑要具有审稿能力，一方面要走编辑学者化的道路，在编辑岗位上逐渐从杂家转变为专家，另一方面要强化审稿技能训练，从侧重审阅论文的外在形式向侧重评价论文的内在质量转变。

　　（三）审稿专家的选择问题

　　专家审稿是由稿件具有相当的深度和难度所决定的，具有不可替代性。审稿专家的意见对论文的取舍具有决定性作用。选择审稿专家，一要充分考虑其研究的领域与方向，二要了解其过去和现在的研究情况与成果，三要了解其在国内外的学术地位与影响。选择好审稿专家，对保证期刊的出版质量具有重要作用。

　　（四）审稿标准的尺度把握问题

　　编辑审稿既要根据期刊出版宗旨和选题计划，也要根据有关的国家标准和规范对稿件进行严格审查。标准作为一种客观的评判尺度，起着统一、规范学术内容表达的特殊作用，没有标准就无法评判稿件的学术水平；但在一个标准体系中，多种标准之间、多个审稿人对标准的认识和把握不一致，就可能出现审稿专家的意见不统一的问题。专家审稿要对稿件的学术价值、存在问题及如何修改提出明确而中肯的意见。由于编辑各层级的职责分工不同，责任编辑有必要将审稿专家的审稿意见、编辑部的稿件处理意见和自己对稿件的具体修改意见，一次性准确告诉作者，以指导作者修改稿件。

（五）审稿中的争议问题

审稿中责任编辑、审稿专家、副主编、主编、编委会成员，对某篇或某几篇稿件会产生这样或那样的不同认识，这是很正常的。关键是要建立一种解决问题的机制，能够客观、公正、合理地解决争议问题，达到认识上的相对一致。争议最大的问题是论文的创新点是什么？论文有价值吗？某些观点提法合适吗？此外，还有论文造假、数据不准等问题。

二、改善审稿中相关问题的对策措施

为了保障期刊质量，促进社会主义出版事业持续、稳定、健康地发展，就必须针对期刊出版审稿中存在的问题，采取相应的对策措施。

第一，坚持三审制，严格把握审稿标准，具体可以做到以下几点：

1. 应采取分学科、分专业的办法实施三审制，特别是对稿件的初审和复审尤其重要，只有这样三审制才能真正落到实处。因为大多数编辑人员的优势一般都限于他们自己的专业领域，其中还不乏学有成就的人。如果初审和复审对所审稿件能与他们的专业对口，这对保障期刊质量无疑将会起到积极的促进作用。

2. 杂志社应力争做到在选题策划与选题结构上预测出期刊的社会效益与经济效益，而不应该为了单纯地追求其经济效益逐年提高编辑人员的经济指标。如果这种情况得不到解决，长此以往将会使编辑人员不堪重负，势必会影响三审制的落实，尤其是初审和复审的真正到位。

3. 有条件的杂志社可以组织不同专业、具有副高以上职称的编辑成立复审室。这些人员可以不承担经济指标，专职对不同专业的稿件按所学专业进行分工复审，以保证稿件的复审含量。

第二，在市场经济条件下，编辑的自身素质是以综合素质为评价标准的。因此，编辑人员除了具备思想政治修养、道德品质修养、语言文字修养和科学文化修养等这些最基本的素质外，还应努力做到以下几点：

1. 强化编辑的创新意识。这是编辑工作的创造性劳动决定的，也是社会主义市场经济对编辑人员的素质要求。编辑的创新意识体现于期刊出版的全过程，它包括在选题、审稿、编辑加工等每一个环节之中。精品期刊无不体现着编辑人员的创新意识。

2. 强化编辑的书评意识。优秀的书评文章，首先要做到有新的观点、新的视角、新的思维和深刻独到的见解以及精辟的理论阐述，既能引导读者，又能使作者从中得到启发。因此，作为一名编辑要勤于撰写高质量的书评文章，这是提高编辑自身素质的有效途径。

3. 强化编辑的读者意识。读者是检查期刊质量的执行官，作为编辑要做到尊重读者，急读者所急，想读者所想，真正为读者服务。

4. 强化编辑的市场意识。市场经济要求编辑人员具有市场意识。期刊是一种特殊的商品，同时也具有一般商品的共同特征，它也是价值与使用价值的统一体。期刊的生产也要受价值规律的支配。我们经常可以看到这样一种现象，编校质量较好的期刊，甚至是一些精品期刊往往压在库房里销售不出去，既无经济效益，也无社会效益，其原因是这些期刊没有市场竞争力。因此，编辑人员必须自觉强化自身的市场意识，对期刊从选题、制作、出版、发行等过程的各个环节，注入与市场有关的所有信息，使我们的期刊出版工作适应市场经济的需要。把期刊看成是社会效益与经济效益有机结合的商品生产。不仅如此，编辑人员要做到从容地适应社会主义市场经济的需要，还应具备博学广识、兼容并蓄、随机应变的素质。

简而言之，博学广识，就是编辑人员既要有广泛深厚的学识水平，又要在期刊出版工作中具备丰富的实践经验。也就是说，编辑人员不仅要读万卷书，提高自身的科学文化理论修养，而且还要行万里路，在市场经济这个大环境中善于调查研究，在实践中了解市场，掌握市场，不断地总结自己工作中的成败得失。兼容并蓄，就是编辑人员要有宽广的胸襟，非凡的气度与胆识，不故步自封、不夜郎自大、不坐井观天、不自我封闭，以时代的眼光，海纳百川的姿态，抛砖引玉、接纳作者、网罗人才。这样既能适应市场需求，又能在一定程度上引导市场，从而体现出编辑工作者的神圣职责。

第三，杂志社的改革涉及方方面面都需要实施科学有效的管理，如选题管理、资金管理、计划管理、制度管理、目标管理和质量管理等。但最重要的管理莫过于对人的科学管理，因为以上各种管理最终要通过对人的科学管理才能得以实现，才能带来管理的经济效益。改革开放以来，有的杂志社，尤其是一些改革滞后的杂志社始终没有完全跳出管理的误区。认为管理就是对人的管束，因此，不论是从制度上还是从组织上首先考虑的是如何把人管住的问题。诚然，对人的管理，使其遵纪守法固然重要，但决不能因为个别人的问题或为了管住这些人就不从全局出发，凭主观臆断制定一些针对大多数人的制度、措施或采取一些武断的做法。这种与科学管理背道而驰的管理思路和方法是极为有害的，它既挫伤了编辑人员的工作热情，又限制了编辑人员的积极性和创造性，同时也不利于编辑工作的展开和参与市场竞争。改革开放的实践表明，管理的生命是效益，而不是权力。管理如果失去了效益，将会成为权力的代名词。市场经济只承认竞争和效益，而不承认权力。

因此，杂志社在制定各项管理措施时，必须要解放思想，转变观念，科学地理解管理一词的丰富内涵，走出管理的误区。要站在杂志社可持续发展的战略高度实施管理，尤其是对人的管理。要保证制度的针对性、实用性和严谨性，制度一经出台要具有相对的稳定性和严肃性，不因局部出现问题，使制度朝令暮改。要做到有针对性地处理局部问题。

管理在于营造一个宽松的工作环境，以激发编辑人员的积极性、主动性和创造精神。编辑工作是人类创造性劳动的一部分，这一规律应作为出版社制定制度、措施、办法以及对其他方面进行改革或管理尤其是对人的管理所必须遵循的基本原则。

第四，为适应社会主义市场经济条件下出现的新情况、新问题、新事物，作为杂志社业务部门的基层领导编辑室主任，应以"讲政治、讲学习、讲正气"为原则，以德才兼备为标准，实行公平竞争上岗的用人机制，适应社会主义市场经济条件下的用人办法，同时，还要大力培养和发现具有开拓创新精神和爱岗奉献精神的年轻编辑。要坚决避免因年轻编辑专业职称低而不准竞争编辑室主任等不公平现象的发生，讲职称，不唯职称论，重在实际能力才是实事求是的用人制度。

第三章　期刊编辑的校对技能

第一节　校对概述

一、校对的名称与定义

校对自古就有，其名称几经改变，意义也各不相同。至于校对的定义，随着时代的变迁，也在发生变化。

（一）校对的古今中外叫法

现今我们所说的"校对"，其实是由古代的"校雠"或"校勘"演化而来的。校对一词，也并非现代才有，据考证，明代已经普遍使用。那个时候，"校对"的概念与"校雠""校勘"等相同。

校（读 jiào），基本字义是"订正，校对""比较"。雠（读 chóu），基本字义是"校对文字"，但其繁体字形"讎"又是"仇"的繁体字，具有"仇敌"的意思。"校雠"合起来理解，就是带有敌情观念的校对，这也显示了古代文字校对的正确质量意识。勘（读 kān），基本字义是"校订，核对""查看，探测"。

西汉刘向在其所著《别录》中云："一人读书，校其上下，得谬误，为校；一人持本，一人读书，若冤家相对，为雠。"意思是一个人自行查对文字差错，叫作校；两人分工，一人读，一人比对，叫作雠。

除了"校雠"和"校勘"，历史上与现代校对意义有关的名词还有"校书""校理""校缀"。

校书，指校勘、订正书籍，类似现今的"校订"。《三国志·卷四十一蜀书十一·霍王向张杨费传第十一》中记载向朗"年逾八十，犹手自校书，刊定谬误"。

校理，指校勘整理。《汉书·卷三十六楚元王传第六回》记载："孝成皇帝闵学残文缺，稍离其真，乃陈发秘臧，校理旧文。"

校缀，指对失逸的书籍予以校对，并且将它连缀起来。

校对，在英语中，叫作 proofread，它是由 read（阅读）和 proof（校样）组成的，突出了阅读校样的意思。校对员则是 proofreader。

（二）校对的定义

校对可以指一项工作，也可以指做这项工作的人。那么，什么是工作意义上的校对呢？

在古代，"校雠"或"校勘"是出版编辑过程中的一道必需工序，主要工作是按照原稿去审查、订正排印或缮写的错误。现今，按《现代汉语词典》（第 7 版）的释义，校对是指"按原稿核对抄件或付印样张，看有没有错误"；按出版业的定义，校对是指"根据原稿或定本核对校样，订正差错，提出质疑，以保证出版物质量的工作"。

这里，校对离不开原稿或定本，我们称这样的校对为"校异同"。"校异同"的要点在于"异同"，是指将校样跟原稿逐字逐句比照，同则通过，异则以原稿为准，对校样进行订正。"校异同"，只是传统意义的校对，因为经过排版，打印出来的校样与原稿（或定本）会有差别，这里的差别是由排版中的人工错误造成的。

显然，基于校异同的校对定义不适合现代意义的校对。因为在现代写作中，原稿已经排版好。换句话说，校样和原稿是一模一样的。此时，用原稿或定本核对校样是检查不出错误的。因此，现代意义的校对，应是指"凭借校对者自身储备的知识或其他权威资料来判断原稿中的是非，订正差错，提出质疑"。这里，校对已经没有原稿或定本一说，完全是按知识或资料判断是非，这样的校对我们称作"校是非"。"校是非"的要点在于"是非"，是指通过对原稿内在矛盾的是非判断，发现并改正原稿可能存在的错漏。确认其"是"就通过，确认其"非"就提出疑问。

校对分校异同和校是非，这是符合校对本身的特点的。事实上，"校对"是个集合概念，包含着"校"（校是非）和"对"（校异同）的双重含义。有关校异同和校是非，清朝学者段玉裁有过权一段威论述。他在《经韵楼集·与诸同志书论校书之难》中写道："照本改字，不讹不漏，谓之校异同；信其是处则从之，信其非处则改之，谓之校是非。"他还说："不先正底本，则多诬古人；而不断是非，则多误今人。"段玉裁认为，不校异同，则不能保证作者的劳动成果准确而完整地转换；不校是非，则不能发现和弥补作者创作和编辑加工的疏漏。偏废校异同或者偏废校是非，后果是一样的，都会造成谬误流传，损害作者，贻误读者。

对于校对的定义，以及校异同和校是非，需要做几点说明：

其一，校对的定义是随校对工作的具体情况变化的。对于传统稿件，校对就是"根据原稿或定本核对校样，订正差错，提出质疑"；对于现代电子稿件，校对就是"凭借校对者自身储备的知识或其他权威资料来判断原稿中的是非，订正差错，提出质疑"。

其二，这里的校对定义，没有特指出版物意义上的校对，因此适用于所有文字内容的校对。

其三，校是非同时适用于传统意义的校对和现代意义的校对，而校异同只适用于传统意义的校对。

二、校对的产生与发展

校对，就是根据原稿或定本核对校样，订正差错，提出质疑，以保证出版物质量的工作。校对是期刊、报纸、期刊等出版物出版不可缺少的重要环节，是编辑工作的延续，是对编辑工作的补充和完善，是保证出版物质量的关键。

文字是语言的表象，校对是伴随着文字的产生而产生的。"校对"一词源于拉丁语，有"改善"之意。校对在我国古代称之为"校雠"。"校"，是考核查对的意思。"雠"，其本义为对答，后引申为"雠怨""雠敌"的"雠"。"雠"者，仇也。视书中的谬误如"逃犯"，如"猎物"，如"冤家仇敌"的校对意识，是我国校对传统中最宝贵、最有特色的内涵。"校雠"法理论作为一项独立的学问，始于西汉。刘向《别录》有明确的记载："雠校，一人读书，校其上下得谬误，曰校；一人持本，一人读书，若怨家相对，故曰雠也。"刘向所说的"校"，相当于今天的本校；他说的"雠"，则相当于今天的对校。梁代以后，"校雠"也有"校勘"之意，就是运用对校、本校、他校和理校的方法，在阅读中细心地发现和改正书上的错别字，寻求著作者的本意。书籍经过校勘，质量就得到了显著提高。传说仓颉既作书又校字。但据考证，我国第一位校书者当推正考父——春秋初期宋国的上卿，比孔子早200多年。正考父校过简策。因此，我国的校书事业应始于春秋初期。孔子开创了编校整理古代文献的工作，将夏、商、周三代文化的精华编选整理成书，传之后世，促进了我国学术文化的发展。后人称孔子为编辑之始。

校对分专科，始自汉成帝。据史载："成帝河平三年秋八月（公元前26年），始诏光禄大夫刘向校经传、诸子、诗赋；步兵少尉任宏校兵书；太史令尹咸校数术；侍医李柱国校方技。"

我国雕版印刷术始自隋初，至五代风行一时。当时，冯道看到市面上刻印的书籍很多，唯独没有儒家经典，于是，向皇帝建议刻印儒家经典，得到了批准。他下令国子监田敏校正九种儒家经典，史称"九经"。由于各种稿件的性质特点和要求不同，校对的工序不可能有统一的规定，但要消灭一切差错，校正谬误的原则是一致的。

宋承唐制，以经义取士。皇帝、丞相十分重视考试范本的《五经》《三史》的校正工作。宋太宗令陈充等校勘《史记》《汉书》《后汉书》，又命人编纂书籍、校勘重刻，并规定每书要校对三次。编、校逐渐形成分工协作的关系，有些宋版书上还分别刻有编者与校者的姓名。宋人重视校书，故书籍质量较高。宋代校书工作大都由三馆、秘阁具体负责，对校对人员的素质也提出了明确的要求："校雠书籍者非博学好古、勤于看书而又安闲者，不能动笔校雠书籍。""古人每校一书，先须细心细绎，自始至终，校雠三四次，乃为至善。"颜之推在《家训》中也说道："校订书籍，亦何容易，自扬雄、刘向，方称此职耳。观天下书未遍，不得妄下雌黄。"南宋诗人陆游对校雠马虎、错误很多的书籍甚为不满，说："近世士大夫所至，喜刻书板，而略不校雠。错本书散满天下，更误学者，不如不刻之为愈也。"犹如现代人所说的，错别字、谬误很多的书籍，与其为害读者，倒不如不印为好。此足见古人对校对的重视。

古人校书也有规则条例。《南宋馆阁录》卷三所述即为一例："诸字有误者，以雌黄涂讫，别书。或多字，以雌黄圈之；少者，于字旁添入；或字侧不容注者，即用朱圈，仍于本行上下空纸上标写，倒置，于两字间书'乙'字。"校对发展到这一时期，已经形成了一定的校对方法。元代社会不重视文化，出版书籍较少。浙江、福建一带的校刻工们，就远离家乡，渡海到日本去谋生。

明代的校刻工中有许多监中学生写字校对，且还有福建的书商滥刻木板，错别字甚多，为下品。明代的校刻者，除了个别私家仍能以严谨的态度、精密的方法从事校对外，大都以率性为真，以文字为不足求，以典训为不足用。甚至篡改古书，糟蹋经典。明代由于书坊追逐利润，刻书不讲究校对质量，粗制滥造，错别字很多，连当时官府也大为恼火。可书商却无动于衷，依然我行我素，朝廷只好一任其私，所以后人有"明人刻书而古书亡"的评论。

清代一洗明代之弊，自上而下，对书籍校对比较重视，校对认真，方法也较精密，校正了古书抄刻中的不少错别字、颠倒字、遗漏字等，得到了读书人的好评。

1928—1949 年，由于私商印书泛滥。初版书不校不行，只好廉价雇人临时凑数，校对质量甚为低劣，错误百出，不堪卒读。进步人士所办的文化事业或刊物，一般请专人校对或作者自己校对，质量大为提高。鲁迅先生经常从事校对工作，从来都是以严肃认真的工作态度来对待和要求校对工作，并亲自参加校对，花费不少精力。他自己著译及编刊的书籍、杂志，再加上替他人"选定""校订""校刊"的作品将近一百二十多种，还要经过三校，统计起来总共不下两三千万字。鲁迅先生校对的书籍有时甚至六七校。郭沫若对自己的作品校对几遍后，仍有错字，深感校书之难。

中华人民共和国建立后，党和国家对文化出版事业十分重视，出版社、报社、杂志社都设立了校对部门，培训了大批专业校对人员。并且在 1980 年 4 月 22 日由国家出版局制定了《杂志社工作暂行条例》，其中指出："校对工作应对原稿负责，消灭一切排字上的错误，发现原稿有错漏和不妥之处，应及时提交编辑部门解决，规定的校次，不要任意减少。"根据校对工作的实际需要，一般稿件成书前都需要经过三次核对原稿和一次通读。重要的文章、作品校对时还要增加校次。当前，出版竞争如此激烈，各杂志社正致力于改革，对校对工作的要求越来越高。所以，增强对校对工作的认识，提高校对工作的技巧，使校对更好地发挥其消灭差错，保证质量的作用，是保证期刊出版质量的重要方面。

20 世纪 80 年代，文字进入了计算机处理阶段，首先是英文其后是汉字。世界上最复杂的汉字字形也可以通过计算机进行处理，并能够对汉字字号字体进行改变，书籍、报纸、杂志等皆可在计算机屏幕上编排版面，编排规范美观。随着计算机介入出版业后，汉字电子计算机激光照排出版系统的广泛使用，使人与纸、人与笔的关系变为人与机的关系。稿件可以在屏幕上审读、加工、校对，也可以拷贝成校样，审读或校对非常方便，其清晰程度、工作效率比传统校对方式更佳。由于新技术的推广和运用，校对程序、校对方式和方法都有了新的突破和改变。

纵观历史,校对从产生开始到隋唐出现了雕版印刷时止,书籍的编辑和校对是合二为一的。出现了活字印刷后,尤其是铅活字时代的校对,是编校分工的;计算机编排时代到来后的校对工作,由于校对的客体和期刊生产方式的改变,也带来了校对内涵、校对方式和校对组织管理的变化,在体制上实现了现代的编校合一。

三、校对的主客体

主体与客体,出自马克思主义的实践论。在实践论中,实践被认为是由主体、客体、中介三者构成的。主体是指从事实践活动的人,客体是指主体活动对象的总和,中介是指把主体和客体联系起来的各种形式的工具、手段或方法。

（一）校对的主体

显然,在校对工作中,校对的主体分著作人（或翻译人）、编辑和专职校对三种,由此对应了三种不同的校对。

1. 著作人或翻译人校对（自校）

校正原稿中的疏漏或失误,属于创作完成性质,目的是在付印前提高质量,这是在原稿上做的校对工作。贾岛诗作的用字推敲,就属于自校。

2. 编辑校对（半自校）

在原稿上,对作品的文字和内容进行核查和错误更正,这也是在原稿上做的校对工作。

3. 专职校对（他校）

根据原稿,对校样进行文字和内容的核查和错误更正,这是在校样上做的校对工作。

所谓他校,有别于在原稿上做的校对工作,也就是有别于自校。在传统意义的校对中,他校和自校的区分是非常容易的。但在现代意义的校对中,他校和自校的界限是模糊的,不容易区分。原因在于,现今的许多校样和原稿是一样的，作者、编辑和专职校对都是在打印纸上做的校对。

至于传统铅排印刷中的毛校，是印刷厂为了提高排版质量增加的一次校对，不属于作者、编辑和专职校对三者的校对活动。另外，现代印刷中，已基本没有印刷厂的毛校这一道工序了。

（二）校对的客体

校对的客体，指的是校对工作这一实践的活动对象。校对工作中最直观的活动对象，显然就是原稿和校样。有的学者把校对工作看作一个系统工程，那么校对的客体可分为校对人员的操作对象、服务对象和协作对象。

所谓操作对象，古代指原本或对照本，现代指原稿和校样，或计算机、校对软件、存储设备、复印样及软片，甚至印刷大样（封面校对）。信息时代，操作对象又有音频、网页、视频等。所谓服务对象，指的是读者。所谓协作对象，古代指的是抄书者、雕版者，现代指的是文字排版者、电脑录入员等。当然，严格按主体、客体和中介来区分，校对的客体就是原稿和校样。至于校对工作中使用到的计算机、校对软件、存储设备等，只能是校对的中介。而作为服务对象的读者，不属于校对活动中的主体、客体和中介的任何一方。

四、校对的任务

校对的任务，简单地说，就是要消灭文字差错。针对校对的校异同和校是非两类不同性质的工作，校对任务也有所区别。

（一）校异同时的校对任务

校异同只适用于传统意义的校对，其任务就是消除校样上不符合原稿的每个差错。那些差错，都是在排字拼版过程中造成的错漏。因此，校异同时校对的任务就是要保证排版样与原稿完全一致。

（二）校是非时的校对任务

校是非同时适用于传统意义的校对和现代意义的校对，其任务要比校异同复杂，需要校对者凭借自身储备的知识或其他权威资料来判断原稿中的是非，尽可能识别各种差错，然后消灭差错。这就有个找错改错的过程，先要尽可能找出错误，再要尽可能改正错误。找出错误，有时是非常困难的；改正错误，就更困难了。

五、校对的作用和任务

在书籍出版中，编辑工作和校对工作往往是分开的，有专职校对人员负责校对工作。校对工作的意义在于消除排版的缺漏、错误以及不准确、不统一、不完善之处，使其不出现在印刷出来的期刊上。消除排版的缺漏、错误，主要指文字方面的缺漏、错误；消除不准确、不统一、不完善之处，主要指图片、版式方面的不准确、不统一、不完善。但是，要消除的缺漏、错误，也包括图片、版式方面的；要消除的不准确、不统一、不完善之处，也包括文字方面的。校对的作用，在于消除文字、图片、版式等方面排版问题。

校对人员的基本职责是对原稿负责（这里指的原稿是指经过编辑加工并发排的编发稿）。所谓对原稿负责，就是忠实地反映原稿上书写和批注的一切内容，即通过校对，消灭校样上一切与原稿不符的文字、符号、标点、图表以及版式等错误。对原稿负责仅仅是对校对人员的基本要求，而不是最高要求。一个好的、尽责的校对人员，不但能够准确无误地核对原稿，而且能够发现原稿上可能存在的差错，并提出自己的修改意见，帮助编辑或作者校正。

在校对过程中，如果发现原稿有错误，校对人员最好不要擅自改正，可以把原稿上的错误记录下来，甚至提出改正意见，让编辑或作者自己校正。这样做既能忠于原稿，分清职责，又有利于核定原稿中的错误，如果校对人员自行做主，有时就可能把本来不是错误的内容当成错误来处理，以致造成某些不应有的错误或损失。在工作实践中，可以设立"校对疑问表"制度，以解决校对过程中发现的原稿疑问和错误。

六、校对的内容

校对的内容主要包括：

1. 封面、扉页、版权页上所著录的项目内容是否齐全、正确、规范；

2. 校正校样上的错字、倒字及缺字，不要存在颠倒，多余或遗漏字句行段，以及接排、另行、字体、字号等差错；

3. 改正符号和公式的错误；

4. 外文单词转行是否规范；

5. 标点符号是否有错，注意校对数字大小、小数点、时间、缩略语是否错误；

6. 检查处理是否符合要求，标题、表题、图题有无偏斜，字体、字号是否统一，页码是否连贯，书眉有无，线粗细等；

7. 检索注解和参考文献的次序和正文所标号码是否吻合；

8. 注意插图、表格、数学公式、化学方式程式等位置是否恰当和美观；校正图的位置方位的平正；

9. 检查行距是否匀称，字距是否合乎规定；

10. 统一各级标题；

11. 目录顺序是否与文章顺序一致。

校样上的错误，除了原稿的错误之外，还有以下几种，值得校对人员注意：

1. 错字。由于原稿字迹不清晰或勾画不清楚，或者因为字形相近而排错造成的错误。

2. 遗漏。有时是漏掉了个别字、词，有时因为计算机输入操作不当将本应该放在此处的语句整句放到了彼处。

3. 颠倒。包括字与字的颠倒和字胎方位的颠倒两种。字的顺序一颠倒，意思有可能完全改变甚至截然相反。

此外，校对还应该检查标题、表题、图题及公式有无偏斜、错位，字体、字号、格式是否合乎要求，序号是否连续或跳缺，外文字母和各种专用符号是否排印正确，大小写是否区分，图的位置是否合适，方向是否正确，图注中的说明文字与图中标记号是否相符。检查表的编排是否符合原目录顺序是否与文章顺序一致。

注意，备注栏内容是否有误，表线是否平直，接口有无断开。还应检查参考文献和各种注释的序号同文中相应处的序号是否一致：检查计量单位是否符合国家标准，外文转行是否符合转行规则；检查人名、地名、药名、国界、省界、行政区划等关键项目是否有误；对配方、浓度、剂量等特别数字要认真仔细地进行核对；对原稿中增补删改较大的地方应特别注意，检查衔接处是否有误，同时留心转页处和书写潦草的地方排印是否正确。要特别检查四大排版禁止要求：1. 标点符号不能领行；2. 独字不能排行；3. 文字转行；4. 转行不能破词。

第二节　校对的要求和基本流程

一、校对的要求

校对是按照原稿逐字逐句把校样上的排版错误或不符合技术设计要求的地方，依据原稿和排版说明予以校正。如发现原稿中有编辑加工疏漏、笔误，尤其是发现技术差错和政治性问题时，应提出质疑（填写校对疑问卡）或用铅笔在校样上画出" ？"号，交有关编辑人员审改。校对是编辑加工与付印出刊之间的重要环节，是编辑工作的延伸、补充和完善，对出版质量起着关键作用。

校对的第一个要求是定稿。送印前，稿件必须逐字逐句核实，标点、符号、公式、字码、字体等要逐一审定。要求做到：

1. 校正错字、缺字、横字、颠倒、多余或遗漏字句行段，以及接排、另行、字号等差错。

2. 改正符号和公式的错误。

3. 检查版式是否符合要求；注释和参考文献的次序与正文所标号码是否吻合；插图、表格、数学公式和化学方程式等的位置；排版是否美观；行距是否匀称，字距是否合乎规定，各级标题层次、字体和顺序等是否得当。

二、校对的基本操作工序

校对工作的基本操作工序，包括初校、二校、三校、通读、誊样、核红、文字技术整理等各个环节。在通常情况下，校对的基本流程模式有四种。

（一）连校模式

初校（＋作者自校）→二校→三校→誊样（＋技术整理）→退厂改样→核红→通读＋技术整理→退厂改样→清样核红→付印。

（二）分校模式

初校（＋作者自校）→二校→誊样（＋技术整理）→退厂改样→核红→三校→通读＋技术整理→退厂改样→清样核红→付印。

（三）校对通读连续模式

初校（＋作者自校）→二校→三校→通读→誊样＋技术整理→退厂改样→清样核红→付印。

（四）人机结合校对模式

利用黑马软件、权威网站等进行校对。

第三节　校对中的术语、符号及用法

一、校对中的术语

（一）有关校次和校样的常用术语

1. 校对

特指校对工作，即校对编辑按编发稿校对校样的工作。

2. 校对员

其义之一指职业，即从事校对工作的专职校对；其义之二指职称，如三级校对员、二级校对员、一级校对员。

3. 校对编辑

校对员的正规名称。

4. 校次

指校对的次序数。一般的期刊报纸需经历毛校、初校、二校、三校、通读和校红等阶段，但习惯上，毛校和校红不计校次，俗称的"三校一通读"指的是初校、二校、三校和通读。出版单位可根据实际情况增减校次。

5. 校样（纸样）

指将激光照排的大样文件经激光印字机或打印机输出的纸样。校样是供校对编辑（或责任编辑，或作者）用专业校对符号指示排版错误的印样。

6. 红样

红样相对于清样而言，即经过校对的校样。由于校对编辑通常使用红水笔校对，故称红样。

7. 清样

清样相对于红样而言，即未经校对的校样。有时也把付型样或付印样称为清样。

8. 主校样、副校样

相对于出版单位与作者同时审校的多份校样而言。一般地说，责任校对所持的校样为主校样，作者方所持的校样为副校样。责任校对或责任编辑应审定副校样，并把必要的改动誊到主校样上。退改校样应是主校样。

9. 毛校样、毛校、毛改

扫描排版（或拼版）后未经校对（不包括屏幕上的小样校和大样校）的校样称为毛校样。印刷厂（或激光照排室，下同）的校对人员对毛校样的校对称为毛校。毛校一般仅进行一次，必要时可增加一次毛校。印刷厂对经毛校的校样进行的改版称为毛改。

10. 初校样、初校、初改

毛改后打印出来的纸样即为初校样（校样、头校样）。出版单位的校对人员对初校样的校对称为初校（一校、头校）。印刷厂对经出版单位初校的校样进行的改版称为初改。

11. 校样、二校、二改

初改后打印出来的纸样即为二校样。出版单位的校对人员对二校样的校对称为二校。印刷厂对经出版单位二校的校样进行的改版称为二改。

12. 三校样、三校、三改

改后打印出来的纸样即为三校样。出版单位的校对人员对三校样的校对称为三校。印刷厂对经出版单位三校的校样进行的改版称为三改。

13. 通读样

通读样特指责任编辑通读的主校样，它可以是三校清样或校誊样。

14. 通读

通读，即责任编辑或作者脱离原稿而按校样上的内容独自阅读。一般意义下的"通读"是指责任编辑的通读，不计校次。通读时，只有在疑点处才查阅原稿。责任校对意义下的通读校是在三个校次之外增加的一个校次。通读是校对工作中的一道重要工序，一般可在三校样上进行通读，这样有利于保证质量。

15. 校红（核红、对红）

即复核一校样中所标明的校改字符是否已经改正无误。校红是校对的最后一道工序，它在保证校对质量中起着最后的把关作用。

16. 誊样（过样、拼样）

相对于出版单位与作者同时审校的多份校样而言。把副校样上的合理改动誊抄到主校样的过程称为誊样。誊样前，责任编辑要审定副校样，然后，由责任校对或责任编辑誊抄之。

17. 校红样、校红改

三改后打印出来的纸样即为校红样。印刷厂对经出版单位校红后的校样进行的改版称为校红改。

18. 改样

改版员按照红样的校改要求逐一改正排版中的错误。

19. 打样

打样指打印机或激光印字机输出校样的过程。

20. 校样份数

其义之一是指每校次应打样的份数，一般每次只打印一份校样。如果出版单位或作者需要同时审校，则可要求打印两份或多份。其义之二是指出版单位与印制单位约定整个排版过程应打样的总份数超过约定总份数的，印制单位有权向出版单位另收打样费。

21. 付印样

校红改后打印出来的纸样即为付印样。责任编辑一般在付印样上签字出片、付印。

22. 改后出片

如果校红样经审核仍有个别错误，实在没必要再浪费一次校样，可以要求印刷厂改正这些错误后便出片，称为改后出片。

23. 复对（复核）

誊样人把副校样上的改动誊抄到主校样以后，还必须复核是否誊抄有误，这一工序称为复对。

24. 整理

为了保证校样在退改前能取得版式的一致或页码的连续，责任校对应对退改样进行有序的检查，这一工序称为整理。

（二）有关校对方法的常用术语

1. 分校、调校

按原稿的篇章将校样分为几部分，由不同的校对编辑进行校对，称为分校。校对编辑相互交换不同部分的校样进行校对，称为调（diào）校。

2. 连校、接校

对于排版质量较好、错误较少的校样，为了缩短出版周期，可适当减少改版校样的次数。这种多次校对、一次改版的校对方法称为连校。连校的方式有一二连校或二三连校。连校不能由同一个人完成，而应由两位校对编辑连校。连校时，两位校对编辑应使用不同的色笔，以明确各自校对的错误和责任。在连校过程中，校对编辑每校完一部分（或若干页）后便交接给另一位校对编辑进行下一校次的校对，称为接校。

3. 折校（比校）

将校样平放在桌面上（用压铁压牢），用双手夹持原稿轻折后压在校样上，一字一字地比较校对，叫作折校。双手夹持原稿的方法是这样的：双手的中指夹在原稿的背面，双手的食指夹在原稿的正面，并用双手的拇指在原稿的正面向上缓慢推移。校对时，应尽量将原稿紧挨着校样，先从左到右地校完一行后，拇指就将原稿向上推移一行，接着校对下一行。这种以原稿折校校样的折校法是最常用的校对方法。折校效率较高，校对质量也有保证，故为多数校对人员采用。也有人以校样折校原稿，但这种逆序折校法实在不如正序折校法方便实用。

4. 对校（点校）

将校样平放在桌面上（用压铁压牢），将原稿放在校样的左边或上方，先看原稿，后看校样，逐字逐句地校下去。校对时，可用左手指着原稿，右手握笔指对着校样，眼睛在原稿和校样之间左右移动。为了减少头部左右晃动的幅度，避免眼睛过度疲劳，原稿与校样应尽量紧靠在一起。默校时，一般以每次七八个字或三五个词为宜。遇有较长的句子，在分次校完以后，最好将校样上的长句子复读一遍，以避免在多次分校的"接头"处漏字或添字。一般地说，对校比折校要多费眼神，且其校对速度和质量保证不如折校，因此，不宜长时间采用对校法。

5. 读校（唱校）

读校属于双人校，即一人朗读原稿，一人看校样兼改正。读稿人要逐字、逐句和每个标点符号都朗读清楚，速度要均匀，有节奏感，对于同音字、偏僻字、另页或另面的字符、另段起或另行起、空行、顶格、缩格等也要正确地朗读。看样人一定要聚精会神地听并认真地校改。由于这种读校速度慢，有些复杂的量和单位难以彼此准确沟通，因而，除一些重要的政治读物、文件等，一般较少使用。读校法基本上不适合科技文稿。

6. 默校

相对于唱校而言，即指校对编辑独自静默校对。折校和对校属于单人校或默校。

7. 单人校

由一位校对编辑独自进行的校对。折校和对校属于单人校或默校。

二、校对符号及用法

校对符号是用来标明校样上的错误和如何改动的记号，是编辑、校对、排版共同使用的标准语言。版面上的错误是多种多样的，各种不同错误的校正，或标明如何改动，都有相应的符号。凡有关人员都应懂得并熟练使用这些统一的符号，才能正确理解出版者的意图，按照标准的校对符号所表示的内容去改版。编辑、校对人员也只有正确掌握校对符号，才能准确无误地表达出自己的想法，而不致被误解，造成徒劳的反复改动，也可避免给下一道工序带来困难和麻烦，延长改版时间。

第四节　校对的原则与方法

一、校对的原则

校对的基本原则，就是"对原稿负责"五个字。校对的总原则，即"五个负责"或称"五个忠实于"，分为"存真"和"传承"两个层次：第一个层次（质量存真责任），对原稿负责、对作者负责；第二个层次（文化传承责任），对读者负责、对社会负责、对历史负责。这两个层次，确保了出版物传播的知识质量和文化价值，使其成为知识积累和文化传承的佳本、珍本、善本和精品。

校改原则，就是忠实于原稿或对原稿负责，要通过校异同、校是非和拾补存真等来达到校改目标。具体来说，有以下编辑、校对改错原则：

1. "一字不略过，一字不轻改"；

2. 字易意留，拾补存真；

3. 可改可不改的，不随意改；

4. 引文内文字，不妄改，查对原出处，方可改；

5. 专有名词或术语勿乱改，不要以异体改规范；

6. 一校基本改定（万分之一以下），二校重点改，三校不大范围改。

二、校对的方法

校对是有方法的，校对方法是否得当，不仅影响校对速度，还有可能对校对质量产生重大影响。

（一）对校

将原稿放在左方或上方，与校样对照着核对的方法。这种方法要求原稿与校样尽量靠近，以缩短核对中两眼反复移动的距离，防止过分疲劳。校对时，左手指着原稿，右手持笔指着校样，两手随校对的速度而移动，发现问题，用笔在校样上标示出来。对校法的好处是两两对照，比较可靠，不易发生错漏。但由于双眼要一边看原稿、一边读校样，所以校对速度较慢。同时，由于眼光不断在原稿与校样之间切换，比较容易错行。为了避免这种差错，往往准备一条铅条，压在原稿上，逐行对比，逐行下移。但这又会增加了移动铅条这样一道工序，会更加影响速度。

（二）折校

折校是目前通用的校对操作方法。校对时，原稿平放桌上，两手夹持校样从左向右徐徐移动，使得原稿和校样上的相同文字依次一一对照，两眼能同时看清原稿和校样上相对的文字。校完一行，可用大拇指和中指推移稿纸换行，用食指轻压校样。改正校样错误时，可左手压住校样，右手持笔改正。

进行折校时，眼、手、脑三者同时并用，集中精力，默诵文句。折校的优点是比对校速度快，不容易发生错行，基本摆脱了连续的视线转移和头部摇动，便于提高工作效率。另外，原稿紧贴校样逐行逐句对照，容易发现漏字、漏句、多字、多句。但折校法对于改动较大的原文不适用。

（三）读校

读校是两人合作进行的校对方法。校对时，一人读原稿，一人看校样。读原稿时，口齿要清楚，不但要读文字，而且要读出版面和文字的标点符号及具体要求。对校样的人要精神集中，一边听，一边看，以眼看的核对耳听的。为了避免出错，读的人和校的人，最好都用手指指着字句读。读校的优点是速度快、效率高，缺点是要多占用一个人工，而且遇到内容复杂、图表、外文、专用名词及化学方程式多的文稿，不能顺畅进行。

（四）互校法

互校法是在二校或三校时，不同校对人员之间相互校对对方的校样，目的是为了避免因为原校对自己负责的稿件过熟而产生盲区。互校是对校方法的延伸，互校或轮流互校的最大特点是打破了对校在人员配备上的局限性和不足，使全体编辑可在互校过程中取长补短，这对提高出版单位的整体编校水平会起到积极的作用。另外，互校对编辑工作具有促进作用，对编中校、校中编有很好的抑制作用。互校的不足之处与对校一样，即控制不好会使少数人偷懒而依靠别人，若人人都抱有侥幸的态度，差错率将会有增无减。

（五）对红法

对红法是校对者只查看上次红笔标出来需要修改的地方，并对尚未改正的予以更改。对红法的不足是，修改时打字员如不慎，会造成新的错误，而这些新的错误用对红法又难以发现。做好对红工作，需要足够的耐心和责任心，还需要掌握一定的方法技术。其技术要领是：首先核对上一校次改动的字符至少两次，如果发现应改未改的字符，则需要检查上下左右相邻的字符是否有错改，以防临近位置错改；其次要对比对红样与清样四周字符有无胀缩，如有胀缩，就要对相关行及其上下行逐字逐句细查，找出胀缩原因，改正可能存在的错误。

（六）通读法

通读法是校对者不看原稿或上次校对稿，而通过连续阅读来发现错误，纠正错误。通读法的最大好处是有助于文稿的内容、形式畅通，消灭出版物中的不合格问题，充分调动校对者的能力与水平，因此尤为适合最后的校对。

第五节　校对的基本制度

校对活动是校对主体与客体矛盾运动的过程，一方面客体存在讹误，一方面主体要改正讹误，两者相互对立又相互依存。只有当客体的讹误得到改正，主体查错正误的目标得以实现，校对活动的矛盾运动才会终止。

校对又是群体活动，校对主体的多元性和校对过程的集体交叉性，不可避免地会产生校对主体之间的矛盾，只有解决好矛盾，协调好关系，才能形成合力，使校对活动健康开展，从而保证校对工作的质量。而要解决矛盾，协调关系，形成合力，就必须建立和完善校对工作制度。

一、三校一读及样书检查

"三校"，即三个校次。"一读"，即终校改版后的通读检查。由于校对客体差错的复杂性和出错原因的多样性，"校书如扫落叶"，校对活动不可能"毕其功于一役"，必须投入必要的校对工作量（即校次）。

"三校一读"是《期刊质量保障体系》规定的必须坚持的最低限度的校次；重要的和校对难度大的稿件，如经典著作、文件、辞书、古籍、学术著作、教科书及教辅读物等，还应相应增加校次。作者校对、编辑校对不能顶替校次，交给他们校对的校样是"副样"，"正样"仍由校对人员校对，3 个校次都必须由经过专业训练的校对人员来完成。计算机校对如果使用得当，可以顶替一个校次。三校改版后打出的校样，不能作为付型清样，还必须进行一次通读检查，通读检查后改版打出的校样，才能算作付型清样。为了保证校对的质量，凡遇到如下情况之一的校样，校对者有权提出增加1～2个校次：①初校样的差错率超过15/10000的；②编辑发排的稿件没有齐、清、定，而在校样上修改的页码超过1/3的；③终校样的差错超过3/10000的。

样书检查，指期刊成批装订前先装订几本样书，分由责任编辑、责任校对检查，经检查确认无误后，方能成批装订出厂。

二、校对主体多元化与专业化相结合

现代校对的特征之一，是校对主体多元化与专业化相结合。所谓主体多元化，是指作者、编者和专职校对人员共同参与校对，还有社外人员参与校对活动，从而形成校对主体群。作者校对属于自校，编辑校对属于半自校。他们共同的优势是：对稿件内容的把握，对相关知识的熟悉。共同的劣势是：因习惯性阅读难以感知个体字符的差异，因思维定式往往对差错"熟视无睹"。因此，校对主体多元化必须与专业化相结合，并且以社内专职校对人员为校对主体群的核心。所谓以社内专职校对人员为核心，有三层意思：其一，必须建立专业校对机构，对全社校对工作进行统一组织和全程监控；其二，必须配备足够的专职校对人员（编校人员配备的科学比例为3：1，不应少于5：1），并由专职校对人员担任责任校对；其三，必须由中级以上职称的校对人员或工作认真、经验丰富的其他校对人员来做三校，把好终校关。

三、集体交叉校对与责任校对相结合

现代校对的特征之二，是集体交叉校对与责任校对相结合。集体交叉校对，是指由不同职级、不同专长的校对者分别负责不同校次的校对，一般不得采取一人包校的做法。集体交叉校对可以避免一人包校的知识局限和反复校读导致的对差错的"熟视无睹"，有利于最大限度地消灭差错。

同时，集体交叉校对还是一种相互检查、相互监督的有效方式。但是，集体交叉校对也存在不足，主要是校对者对差错的认定不会完全一致，还会造成版面格式处理的不统一。因此，在集体交叉校对的基础上，还必须实行责任校对制。责任校对是本书校对工作的总责任人和总协调员，参与本书校对的全过程，承担终校或通读检查（通读检查也可以由责任编辑承担）以及文字技术整理工作，帮助责任人编辑解决校对质疑，并最后核对付型清样。责任校对应在书名页上署名，以示对本书的校对质量负责。

四、校对人员质疑与编辑人员排疑相结合

校对人员质疑和编辑人员排疑是现代校是非的基本形式。校对人员的校是非，不同于编辑人员的文字加工，两者有质的区别。校是非的任务是改错，即通常说的清除硬伤，不做篇章布局调整、思想内容提升和文字润色工作，对于明显的错字、别字、多字、漏字、错简字、错繁字、互倒字、异体字、旧形字，非规范的异形字，专有名词错误，不符合国家规范标准的标点符号用法、数字用法、量和单位名称及符号书写，不符合设计要求和规范的版面格式等，校对人员都应予以改正，但改后需要经责任编辑过目认定。发现了语法错误、逻辑错误以及事实性、知识性、政治性错误，校对人员无权修改，只能用灰色铅笔标注表示质疑，并且提出修改建议，填写"校对质疑表"，连同校样由责任校对送给责任编辑排疑。责任编辑应当认真地对待校对质疑，虚心采纳正确的修改建议。对于认定的修改建议，用色笔圈画表示照此修改；对于不拟采纳的修改建议，则打"×"表示删去（不要用色笔涂抹，保留校对质疑笔迹，以备需要时查检）。要建立激励机制，鼓励校对人员质疑，校对人员的质疑经责任编辑认定后，应当给予质疑者适当的奖励，其质疑表应当存入个人业务档案，作为考察校对人员业务水平、晋升专业职称的依据。

第六节 期刊校对中的问题与对策

一、当前校对工作存在的问题

随着人们对精神文化需求的日益增加，出版产业快速发展，出版物采编

环节的数字电子化越来越普及，再加上编校人员水平不一，对相关专业领域以及公共价值观又有不同的理解和掌握程度，这就对校对工作提出了挑战。当前的校对工作在数字新技术和校对转型方面都存在一些问题。不少出版单位已经对这些问题采取了相关的调整措施，以全新的姿态面向大众。总的来说，当前校对工作主要存在以下几个方面的问题。

（一）基本知识问题

不正确使用标点符号、错别字、语法问题等是常见也是易发生的错误，即使有很深的语言功底和很高的文学素养，也可能有意识或者无意识地发生这些错误，并且自己不易察觉。查找这一类错误无疑是对校对人员的基本技能要求之一。校对人员要小心谨慎、全面且耐心地审查出稿件中或大或小的各类错误，为读者提供更好的阅读服务，这也是对作者的一种尊重。

（二）技术性问题

技术性问题指的是由于作者不了解或者忽视出版物的相关规则而产生的错误和问题，或者说，是没有按照出版行业的专业技术要求创作原稿而产生的问题。如果作者仅仅注重内容的阐述而忽视出版行业的编辑技术要求，就会导致错误发生。这类问题主要包括以下几个方面：部分文字的逻辑关系比较混乱；文章或者全书的结构出现混乱；书写混乱，文章层次混乱；序号与编号不统一；注释上出现错误等等。

（三）常识性问题

常识性知识的范围非常宽泛，比如天干地支、重要的历史人物及历史事件、经典传颂的诗词以及基本的数理化知识等。有的知识对专业领域的人来说是常识性问题，而对于专业领域外的人来说可能一窍不通。不同的校对人员有不同的常识性知识，包括地理、历史、科学、艺术等各个方面。校对人员的知识水平和能力也是有限的，并且各不相同。因此，一些常识性问题被发现的可能性也是依校对人员的知识水平而定的。因此，校对人员要不断扩充自己的知识面，将各个领域的常识性知识内化为自己的知识，善于总结校对过程中发现的各种错误，养成归纳和摘抄错误的习惯，通过有效的方法扩展自己知识的广度和深度。

（四）公共准则

稿件的内容要符合社会主义核心价值观，要符合道德规范和广大人民的利益，要符合习近平总书记提出的实现"中国梦"的要求。有些稿件出现以作者自身的利益和学术为中心，违反公共行为准则和超越道德底线的内容。比如，在引用他人的文献时不加以注释或者标明出处，存在抄袭的嫌疑。发现这些问题后校对人员须与责编沟通，由责编提请作者进行修改，注明文献数据的来源。这就需要校对人员能够充分发现稿件中存在的问题，并且保证自身的价值观、人生观符合社会主义核心价值观要求，将社会主义核心价值观贯穿到出版物当中，发挥出版物对社会舆论和价值观的积极引导作用。

二、对策分析

（一）更新校对技术

校对人员需要掌握校对软件以及数字排版技术。校对人员在数字校对环境中需要熟练地掌握以 word 编辑排版技术，也就是通过以 word 软件功能的科学运用更快、更为准确地对稿件当中存在的错误进行查找与校正，如可以通过软件当中查找工具的应用查找目标稿件当中同类差错，不仅能够节约人力，且能够节约宝贵的工作时间。同时，校对人员也需要对校对软件技术进行一定的掌握，利用校对软件校对的具体方式为在打开需要校对的文件，设置完校对参数后便开始校对。目前，经常应用的方式有两种：一种为先校后改，即先完成校对之后通过快捷键的应用对疑问点进行逐个查阅以及处理；另一种为边校边改，即在查找到疑问点之后暂停，当完成该点处理之后再校对。

（二）强化综合知识

在期刊出版工作中，校对可以说是保障期刊质量的重点内容。作为图书校对人员，需要最大限度地避免稿件出现技术、常识、政治以及科学性方面的错误。政治方面，要注意名人以及革命导师的文章、语录，经常学习国家文件以及领导人言论，在校对中做好国名、专有名词、数码、地图、人名方面的检查，避免出现差错，具体如下：

1. 科学性

在校对的过程中，校对人员要注重自然科学与技术期刊的数据以及数字的准确性。

2. 技术性

熟练掌握书籍的版式设计，检查校对样同发排样与版式样是否一致，检查稿件正文分级标题与目录是否一致。并且在校对的过程中积极地检查校样及原稿中出现的文字与字义近似的文字，确保其正确性。

3. 常识性

要避免存在片面以及主观的情况，对于不同地域语言文字以及不同历史时期文字的表达特点需要做好一定的了解，并做好历史变革下地名变换情况的掌握，如果在校对中存在疑问，需要及时同编辑人员商榷。

（三）建立健全校对人员激励机制

校对制度的完善与健全需要辅之以相应的激励机制。绩效管理理论认为"如果缺乏全新的激励机制，无法调动所有员工的积极性"。因此，出版社应建立健全校对人员激励机制。比如，可以定期开展责任校对岗位业务知识竞赛；对校对业务突出的人员给予精神和物质上的奖励；鼓励校对人员大胆质疑编辑，对提出有助于完善稿件建议的校对人员给予物质奖励；提倡向校对业务能力强的人员学习，树立校对行业的榜样；不定期开展校对岗位业务培训，如以 word 使用技巧与常见疑难解析、以 word 排版技术的应用、互联网常见难点解答、黑马校对软件操作答疑等。

第四章 期刊编辑的工匠精神

第一节 期刊工匠精神的涵义与价值取向

工匠精神是网络上评出的"2016年十大流行语"之一，被写入2016年的政府工作报告。李克强总理关于"要鼓励企业开展个性化定制、柔性化生产、培育精益求精的工匠精神"的讲话，凸显了工匠精神的时代价值、生产价值、文化价值和社会价值，尤其是其中包含的精益求精的精神价值，在中华民族走向伟大复兴、实现"中国梦"、全民富裕奔小康、建设"美丽中国"的当下，其更具有普遍指导意义。出版传媒行业也不例外。当下，在编辑出版界提倡编辑工匠精神是时代的需要、行业的需要，是中国制造走向中国创造的必然，是互联网大数据时代，大众消费从大众走向小众的精准化生产趋势使然。

一、工匠精神的内涵

翻开历史的长卷，在人类文化史、出版史、编辑史的长河中，虽然我们的先辈，在两三千年前不谈什么工匠精神，但从人类文化史上看，东方孔子编辑古代经典、诸子百家辑录各自门派学说、司马光主持编纂《资治通鉴》，西方编辑《汉穆拉比法典》和《圣经》故事，这些事实上的编辑者无不都是以今天我们提倡的工匠精神在工作。这种高屋建瓴、缜密细致、精心甄选、专业认真的"精造"精神，被德胜管理体系创始人聂圣哲提炼取名为"工匠精神"，并被整个国家大力提倡，奉为创新工作的圭臬，具有鲜明的时代色彩和实操性的指导价值。

按目前流行的关于工匠精神的解释，工匠精神是指工匠对产品精雕细琢、精益求精、追求完美的精神理念。其实，工匠精神的内涵还有更多，需要认真去发掘、丰富和完善。如果要用一句话来概括工匠精神，那就是"专业到极致"。专业是一种广博领域的量化细分，极致则是极力达到的质量高度。工匠们只有专业到极致，他们制造的产品才能"精准到极致"，产品到了用户的手中，才能"适宜到极致"。在追求个性体验的后工业智能化时代，则是"诗意到极致"，为用户创造更多的审美感和幸福感。这不仅是一种人类制造产品的理念，也是一个社会发展、文化进步、精神生活提高的指标。人类的精神生活有一个从完美到极致的追求过程。一般工业产品的品质从99%提高到99.99%，与我们编辑出版工作要求所生产的精神产品内容控制差错率在本质上是相通的，即"精准到极致"，工匠精神一定程度上就是"精准精神"。

做文化与做工业品不同，文化往往是带有自身温度的精神产品。文字上的差错率只是字面的工匠活，一个选题、一个产品、一项服务，其理论原创性、思想导向性、名称创意度、形式美感度、载体舒适度、版式审美度等，都决定着产品上市后的市场温度，即质量的温度决定市场的温度。大数据时代，任何一项温度指标都可以量化和分析出来。

二、工匠精神的当代阐释与批判

（一）工匠精神的普适性内涵

"工匠精神"一词，一时间激发了社会各界的想象力，人们不仅把其当成抢眼的热词，而且还将其提升到越来越高的地位：如一剂提升中国制造业的良方，是中国智造之魂和中国制造要补的"精神之钙"。在学术界上有些学者做过定义，比如将其概括为敬畏自然、传承创新、去伪存真和精益求精，对自己的产品精雕细琢、精益求精的精神理念，从容独立、踏实务实、摒弃浮躁和宁静致远，精致精细和执着专一等。也有人提出，工匠精神就是一种情怀、一种执着、一份坚守和一份责任。

其实，工匠精神作为一种意识形态，以道德精神为中心，强调"以德为先、德艺兼求"，通过心传身授和体知躬行的教育过程，陶铸了中国匠师强力而行的敬业奉献精神、切磋琢磨的精益求精精神和兴利除害的爱国为民精神。在中华五千年博大精深的历史长河中，中国人用自己的智慧和力量创造出一个又一个奇迹。具有工匠精神的匠人以技能水平在工作过程中所渗透"德、研、新、艺"的职业精神引领产品质量的提升及推动社会文化的进步。因此，现代工匠精神不仅蕴含精益求精、认真钻研和传承创新，也包括德、研、新、艺等普适性内涵，还蕴藏着其他的哲学内涵。

（二）多学科视角下的工匠精神本质

到目前为止，对于工匠精神的定义学术界里也没有做出统一的回答，那是有一定道理的：因为每个人站的角度不一样。抑或说，工匠精神到底属于哪一个领域的精神，恐怕也难有定论。工匠精神的本质与其定义的内涵和外延有关，所以也要从不同学科角度进行分析。从儒家思想角度看，工匠精神究其本质是"技进乎道"，即做人做事之道。本质上是在修炼人格的质（纯净度）和量（影响力），亦即个人在工作中享受劳作所带来的幸福感和愉悦感，直至达到一种美的感受，满足个体的自我实现需要，而并不是强调工匠精神仅仅是强调要在生产第一线中追求质量、品质。从技术哲学层面上分析，工匠精神有着与修炼人格的质（纯净度）和量（影响力）完全不同的解释：祈真、至善和唯美，即揭示出工匠精神祈真、至善和唯美的内涵，又彼此相互支撑工匠精神的完善和升华。从教育美学范畴理解，工匠精神的本质是一种内省或独慎，关照内心精神追求，然后外放和遵循内心向往而付诸实践的人性化敬业精神。工匠精神的人性关怀、审美情操和德性修养的哲学意蕴浸润于人的方方面面。

（三）工匠精神错误认知的批判

目前社会存在一些工匠精神内涵理解上的误区：虽然国家大力倡导培育精益求精的工匠精神，但是工匠精神多次被人们进行庸俗化和表浅化地加以滥用：有人片面地认为这种倡导重复练习同一件事的生产方式，这不仅扼杀了迭代创新的能力，也削弱了大幅度提高生产力的可能性。更有甚者认为工匠精神的生产方式，从模式上放弃了社会协作，失去了即时自我纠正的机会，将工匠精神理解为试图说服人们沉浸在自己的忘他世界，完全不管外面日新月异的变化，不互动、没交流和闭起门来造马车等坐井观天的学论笑论。

这些说法或观点是犯了形而上学的认知错误，其没有透过现象看本质。工匠精神虽然体现在对某件事下功夫，有可能会降低劳动生产率，忽略时代更迭的现实，但不能将工匠精神仅仅理解为技艺层面，实际上其更趋向于思想与理念层面的意义。然而，现代社会如果没有对先进技术的灵敏嗅觉和科学管理手段的准确掌握，囿于工匠情怀中的企业只会故步自封，背离主流的产业方向。工匠精神的贯彻必然形成分工的极度细化与高度固化，产品的生产进入慢磨、专业和精致的工作模式中，在这种局面下，研发、引进和调试新技术付出的成本会更高，成功的机会也更小，在没有强大积累支撑与对手的迅猛冲击下，不免会沦入被淘汰的行列。工匠精神固然值得推崇与致敬，但同时也应该警惕，一方面是警惕工匠精神的过度滥用，成为现代营销术语，另一方面更要警惕自恃工匠精神的骄傲自满，避免让工匠精神成为封闭自我的盔甲。

三、编辑工匠精神的内隐要义与价值审视

回顾历史，邹韬奋就曾以自己毕生的奉献完美地诠释了什么是编辑工匠精神。编辑不仅需要工匠精神字面本身蕴涵的严谨的工作作风、高度的责任心、保持零出错的常规要求，更需要的是编辑在工作中可以享受编辑过程所带来的快乐与幸福。与工匠精神本质是追求修炼人格的"质"和"量"相似，编辑工匠精神的本质也是如出一辙——媒介产品的精品意识，也可以说是满足职业编辑人的自我实现层面的需要。

（一）编辑持有工匠精神的敬业乐业精神

叶圣陶 60 年的编辑出版生涯是对编辑岗位的乐业精神最好诠释。他对编辑工作历程可以说是由"不知"到"知之"再到"好之"最后到"乐之"。他的编辑思想和实践证明：对编辑职业的"知之"，需要具备自信心、责任感和认真的态度；对编辑职业的"好之"，需要从浓厚的兴趣和全身心投入中培养；对编辑职业的"乐之"，需要从作者的感激、读者的好评和同事的敬业中体味。追忆叶圣陶对编辑职业的知之、好之和乐之的心路历程，旨在承继和弘扬其敬业、乐业精神。除离不开对品质的这一核心追求，叶圣陶已经完全享受到编辑工作中，而工匠精神就体现在以品质为核心的编辑工作中，是其编辑出版的核心职业理念。编辑传承的也是一种特殊的工匠精神，都是以一颗淡然、平和的修行之心对待工作，把工作中的一切苦和乐、喜和悲都当成人生这幅画卷中的一抹色彩，收获人生的正念和成功。它是以把价值回报的时间链拉长方式生产较为珍贵的文化产品，而价值回报建立在稳固信任的乐业精神基础上。

（二）工匠精神是编辑内在的职业素质

编辑是新闻出版机构的骨干力量，也是出版物重要的劳动生产者。所生产出来的产品体现的是编辑严谨的职业能力和规范的职业操守。其核心是判断和提升选题的价值、保证期刊的质量，即审读和加工稿件。出版物的品质和口碑主要是通过编辑长期工作实现的。认清编辑的工匠精神与出版物编辑含量的内在相通性，并澄清两者体现、渗透于编辑出版的各个环节，有助于编辑群体职业素养的提升。编辑的工匠精神就是以精益求精来实现期刊的品质和口碑，用坚守和传承来发展事业。《新华字典》的零差错率正是编辑工匠精神的具体体现。工匠精神试图说服人们以平和心态慢慢地打磨自己所做的这件事，通过长年累月的练习不断增强技艺的熟练度和创新力。所以说编辑除所必备的技艺和专长外，还需他们工作精益求精，持之以恒，追求极致，一生只专注一件事，将毕生精力奉献给编辑事业，日复一日，年复一年，将这种幸福和乐趣融于他们的身心，这不仅成就了自己，也推动了社会文化的传播与发展。

（三）工匠精神是编辑理性价值的体现

编辑工作是一种再创新的创造过程，将科研成果不断地提升与完美地传播。行业作者撰写论文，通过编辑加工最终将科研成果展示在期刊上。这一职业是对编辑能力和毅力的巨大考验，与严谨执着的付出密切相关，这种能力包括相应知识性、学术性和处理稿件的能力；这种毅力包含为此而付出的体力、精力等。在生活世界视域中，主体间交往理性以真实性、真诚性和正当性三原则为标志，在其统摄下技术理性、创新理性等主体工具理性与合作理性、审美理性和伦理理性等主体价值理性能够被整合与统一起来，从而保证技术实践行为的有效性，充分凸显工匠精神的整体意义。编辑工作不仅对编辑的学术背景要求极高，对稿件内容的真实性和可靠性应具备一定程度的判断力和甄别力，是编辑工作者的一种职业价值取向和行为表现。新时代弘扬和践行"工匠精神"，要求编辑工作者爱岗敬业和精益求精，主动提高自己的专业造诣和专业水平、在编辑工作中锻炼和打造自己的专业素质和专业能力，并追求突破，勇于创新，努力将期刊打造成行业专业人员交流的权威平台。

（四）工匠精神打破了传统编辑工作理念

在互联网革命的浪潮中，如果没有对先进技术的灵敏嗅觉和科学管理手段的准确掌握，囿于工匠情怀中的人们只会故步自封、背离主流的工作方向。传统的编辑工作流程受到工作本身性质的影响，必然形成分工的极度细化与高度固化，工作程序总徘徊于慢磨、专业和精致的出版模式中，在这种局面下，编辑工作成本会更高，导致劳动产品率低以及产品品质下降。加之现代出版的激烈竞争，在强大积累支撑与对手的迅猛冲击下，编辑行业受到不小的冲击。但是国家大力倡导工匠精神的回归与重塑，再一次解救故步自封的传统定式出版工作思路。工匠精神的培养依赖于人与人的情感交流和行为感染，而这种精神的自然传承无法以文字来记录，也无法以程序做指引，有经验的资深编辑在传授技艺过程中自然流露的耐心、专注和坚持的精神，会自然传递给新编辑工作者。

四、编辑工匠精神的回归与重塑诉求

当前我国工匠精神的缺失主要表现在急功近利的社会风气、墨守成规的发展势头及敷衍塞责的职业态度等方面。编辑在职业生涯中也难免出现职业倦怠，会对工作产生故步自封、得过且过的应付心理，这本身与工匠精神相悖。国家呼唤工匠精神的回归，标志着编辑行业标准和职业操守再次得以归正。

（一）重拾敬业和乐业的编辑精神

编辑工作形象地比喻为"我们不生产文字，我们只做文字的搬运工"。对于这些"鼠标手"，首先要做到的就是怀有一颗"零失误精神"的敬业决心。目前许多编辑工作者将编辑工作视为信手拈来、得心应手的熟练差事，常常在加工稿件过程中出现得过且过的劳作心理。因此，要正视与摆脱这种畸形心理，鼓励每一名编辑工作者要正确对待自己的编辑职业，能够有责任心、有使命感，发扬敬业与乐业的职业精神，专心致志地完成本职工作。重拾职业热情，反省职业懈怠状态、调节职业失衡感以获得冷静思考的时机。"知之者不如好之者，好之者不如乐之者"，由爱而敬，由敬生勤，由勤得精，由精转乐，形成一种属于编辑独有的敬业精神和乐业精神。

（二）树立工匠精神的编辑理念

学术型编辑区别于业务型编辑。业务型编辑通过相关专业的学习或者通过相关资格培训考试即可上岗和操作，但学术型编辑的任职资格远远超过业务型编辑。学术型编辑需要时刻进行业务培训和不断学习充电外，还要有与时俱进，自觉更新编辑观念，完善知识结构，潜心钻研编辑业务。就编辑业务而言，工匠精神和学术精神相互包容、相互推动，编辑同仁可以从这两个维度修炼自己、提升自己。有些编辑工作性质从属教育领域，而教育是先行行业，教育质量的提升必须依靠高素质的教师队伍，而这里的高素质涵盖了教师的道德素养和知识水平，如果这些教育领域的编辑群体只满足于既往的知识结构而不去学习，那么很快就会被淘汰。学术型编辑应该向纵深发展，既应该在原来专业知识领域继续深入，还应该结合自身特点拓展自己的知识层面，保持日渐式持续学习。工匠精神的编辑工作者在学习过程中要不断地进行反思，对编辑工作进行批评和自我批评。当时间的推移导致职业倦怠不可避免时，则应该用另一种语言或政策进行激励，不断告诫自己，树立终身学习理念和批判思维，使自己成为一个学习型编辑人才和反思型学者。

（三）追求技进乎道的编辑境界

魏源曾说过"技可进乎道，艺可通乎神"。大体意思是当某项技艺达到巅峰后，再进一步前进便接触到了"道"，即天地规律。这不仅体现了技艺的纯熟，也表达了一种人生的境界，也是现在工匠精神的最高境界。黄道周《石斋书论》云："学问人著些子伎俩，便与工匠无别。然就此中引人入道处，亦不妨闲说一番，正是遇小物时通大道也"。编辑行业也是同样如此，把工作做到"超乎技而近乎道"的阶段，难道不是达到人生自我实现的需要了吗？有人说法、术、道的说法，很玄乎，甚至觉得不可思议，然而仔细反思，其中的道理与现实为人处世和工作生活之道是吻合的。法、术、道代表了个体本能、技能技巧和大局观三个角度，也代表天赋、经验和本质三个层次，更代表了见山是山、见山不是山和见山还是山的三重境界。作为编辑工作者可能因为个人能力和追求的方向不同，很难达到"道"的层次，但是"习而有术"，也不失为一种成功。编辑工匠精神的挖掘要从"庖丁解牛"到"目无全牛"，从"以无厚入有间"到"游刃而有余"，其间有"术"的积累过程，所以编辑群体要在出版工作中不断升华个人的悟性和规律，达到"技道合一"，在提升自我价值中创造出更优良的生存环境。

（四）坚持默默奉献的编辑品格

总体来说，编辑是为作者作嫁衣的服务性群体。曾国藩曾在《治心经》中说道："心诚则志专而气足，千磨百折而不改其常度，终有顺理成章之一日。"编辑工作者总是在背后花费大量的时间和精力对作者的书稿进行修改、加工、甄别与鉴定。编辑对材料中文字表达的准确性、图表的严谨性、语句的规范性、谋篇布局的合理性、装帧的审美性和印刷的舒适性等环节都倾注大量的心血。当出版物一旦问世，编辑付出的诸多奉献永远要逊色于读者对作品的关注度。编辑坚持自己的职业理想，本身就是职业道德与职业操守的完美体现，这一点与工匠精神本质也是吻合的。编辑工作的隐匿性和功能性如同矿泉水中的矿物质，仅凭肉眼是无法揣度他们在精品中所赋予的能量和功夫。他们的这种把关作用注定成为工匠精神和奉献精神的生动注脚。编辑介于读者和作者中间，不忘初心、淡化名利地对精品孜孜以求的那份期待，正是工匠精神所蕴含的独特魅力。编辑以默默奉献的职业品格坚持不懈、锲而不舍地完成为社会发展和文化繁荣服务任务。工匠精神的奉献精神与编辑工作者一生呕心沥血、以诚待人和虚怀若谷的职业选择与坚守是相辅相成的。

（五）坚定文化传承的编辑理念

文化传承来源于文化自信，这些内生于中华文化的深厚根基、责任担当和强大生命力。编辑工匠精神与坚定文化传承有一定的内在关联。随着改革开放 40 多年的历史性发展与进步，经济发展维度更宽、层次更深，出版行业取得了巨大的成就与突破。但我国是一个出版大国却不是一个出版强国，出版的精品不多，原创性东西太少。目前出版产品浮躁原因可以归结为两个因素：作者的浮躁和编辑的浮躁，也有可能是两个浮躁的叠加效应。编辑的浮躁往往使得作者更加浮躁，而且不仅仅是浮躁问题，主要是学术素养、理论素养不足。因此，加强编辑的文化自信心，提高编辑群体的学术素养、理论素养、文化素养和思想素养，为文化自信提供源源不断的学术能量与理论能量，担负起新的文化使命，探路全球出版传播市场，让更多的中国出版物和中国价值走出国门，走向世界。

五、编辑工匠精神重塑的展望

编辑工匠精神是工匠精神在编辑出版工作中的具体体现，它是一种对出版事业敬畏、对编辑工作执着、对出版产品负责的"零缺陷"，其最终目标是为人们加工出有价值、有质量、有品位和有人气的精品，使人们的物质生活更具精神美感。虽然工匠精神是值得甚至必须所具备的职业精神，但是要辩证地看待工匠精神所赋予的内涵，不能片面强调与自恃工匠精神。虽然它倡导重复练习同一件事的生产方式，也有可能会扼杀了迭代创新能力，造成削弱提高生产力的可能性，但是要透过现象看本质，避免犯形而上学"伪工匠精神"的错误。精神一变天地宽，作为文字的搬运工，编辑群体定要摆脱工匠精神的认知错误，时刻保持敬业和乐业的幸福感和愉悦感，敬畏文字，出版部门要试图创造编辑群体身份转变的良好环境，使编辑在长时间伏案工作中索取更大的社会、经济和文化价值回报，继而达到"技近乎道、艺近乎神"的编辑境界。

第二节　工匠精神：编辑文化的精神坐

当下，工匠精神已经引发各行各业的大讨论，逐步成为一种为人们所推崇的社会职业价值观。编辑业界和学界围绕编辑的工匠精神也进行了深入讨论，对编辑主体弘扬工匠精神的必要性等问题进行了深入思考。业界和学界一致认为编辑主体要创造出版精品，必须弘扬工匠精神。工匠精神是编辑主体不可或缺的一种文化意识，是衡量编辑文化的一个重要尺度。编辑工匠精神的本质是什么，当下如何培育编辑工匠精神，这些问题既具有现实的紧迫性，又呈现问题解决的复杂性，值得我们深入思考。

一、编辑工匠精神的本质是精品意识

工匠精神本指手工业者对自己产品精雕细琢、精益求精的理念。《说文》里记载："匠，木工也。"春秋时期的鲁班被视为工匠的典范与祖师。如今，随着社会的变革，"匠"字的内涵、外延进一步扩大，人们对工匠精神的诠释也越来越宽泛。美国经济学家亚力克·福奇在《工匠精神：缔造伟大传奇的重要力量》一书中曾说："任何人只要有好点子并且有时间去努力实现，就可以被称为工匠。""美国的工匠们是一群不拘一格，依靠纯粹的意志和拼搏的劲头做出了改变世界的发明创造的人。"很明显，福奇笔下的工匠精神与"好点子""纯粹的意志""拼搏的劲头"有关。结合他们的看法，笔者认为，在当下的中国，作为一个意蕴丰富的高频词，"工匠精神"至少应包含以下内容。一是在思想道德层面，工匠精神体现为爱岗敬业、无私奉献。也就是一个人要热爱自己的职业，忠于自己的职守，对自己的职业有崇高的责任感、使命感，愿意为自己所从事的工作奉献才能、智慧、青春乃至生命。二是在行为规范方面，工匠精神体现为开拓创新、专心专注。即一个人要全心全意对待自己所从事的职业，在工作中善于思考，勤于钻研，用心构思，不断创新，耐得住寂寞，经得住苦、难，专心致志，矢志不移。三是在目标追求层面，工匠精神体现为精益求精、追求极致。即一个人对自己所从事的工作精雕细琢，既重规矩，也重细节，不投机取巧，注重品质，追求卓越。由此可见，工匠精神是社会主体的一种精神品质。

这种精神品质既体现了工匠们自身匠心筑梦、拼搏圆梦的人生价值，也体现了他们平凡创造和勤劳之美的社会价值。比如，在平凡岗位上为社会主义新中国建设做出突出贡献的能工巧匠、劳动模范郝建秀、倪志福和王进喜等；再如，坚持创新、创造的大国工匠吴文俊、吴仁宝和王传福等；专注于事业而让自己的创新研究影响世界的王选、袁隆平等。他们所蕴含的核心质素——敬业、坚守、创新、奉献等，是对工匠精神实践层面的解读。

不管是理论层面的阐释，还是实践层面的解读，工匠精神所蕴含的职业理念和价值取向，都与编辑个人层面的修养、追求、工作表现、编辑业绩以及人生价值的提升等相关联。因此，探讨编辑工匠精神的内涵显得十分必要。从编辑工作的本质来讲，编辑是参与媒介创造的重要主体之一，是媒介产品生产的重要参与者、组织者和引导者。编辑在整个媒介生产过程中发挥着引导、把关和创新的重要功能。媒介产品质量的好坏、影响力的大小及社会效益的好坏，从一定程度上受到编辑工作的影响。正是在这个角度上，编辑工作被看作是出版工作的中心工作，是具有永恒神圣性和崇高性的文化职业。

作为一种社会性的文化创构活动，编辑活动存在一个社会价值衡量的问题，编辑主体也有社会价值评价的问题。衡量编辑主体社会价值要从两个角度出发，一是数量认识的维度，二是质量的高低。从根本上来讲，编辑主体的价值取决于媒介产品的社会价值。社会价值考量的标准就是媒介产品的品质，即内容和形态共同构成的媒介产品的综合品质。具体来说，媒介产品可以用精品、正品、次品和劣品的抽象等级来评定。毫无疑问，精品出版物是编辑主体社会价值的最高层级，是对编辑主体社会劳动价值的最高褒奖。然而，媒介产品的精品性还存在一个时间维度的考量，有当世精品和传世精品之分。有的媒介产品极有社会价值，风靡畅销，但经受不了时间的考验。而另外一种精品媒介产品不仅具有当代的价值，更能够穿越时光的隧道成为经久不衰的长销产品，成为传世精品。因此，精品意识和传世意识是编辑主体精神坐标的最高位置。正如有论者所言："优秀的编辑人应该具备精品意识和传世意识。具备了精品意识和传世意识，编辑人员才会严格要求，精益求精，创造精品。"编辑主体的精品意识和传世意识并非无源之水，无根之木。编辑主体的精品意识和传世意识需要不断培育和修炼，需要始于足下的锤炼和起于垒土的锻铸。这种锤炼和锻铸就是编辑工作的职业价值取向和职业态度，即编辑工匠精神。如前所述，作为一种编辑价值观，工匠精神正是编辑主体生命价值和职业价值意识的高度自觉，是编辑主体文化意识的理性锤炼。以敬业、坚守、创新和奉献为主体的精神追求和逐梦的背后，正是编辑主体对编辑个体生命价值和编辑工作职业价值的自觉深刻认识。这种认识是编辑创造精品媒介产品的远大抱负和高尚志向，从而在超越自我生存价值的基础上实现更大的社会价值。由此可见，编辑工匠精神的本质是精品意识，精品意识是编辑工匠精神的自然外化。

二、编辑工匠精神的保证是好的编辑制度

作为一种职业价值观念，工匠精神有利于编辑主体沉潜于编辑工作的具体过程中，一丝不苟地进行媒介产品的雕琢和打磨，从而打造精品出版物。但是，需要注意的是，主体精神只是一种文化观念和工作情怀，工匠精神价值意识的觉醒是媒介精品生产的前提，但并不是媒介精品生产的必然结果。因为媒介产品的生产是一个复杂的生产过程，是一个具有高度系统性和社会性的文化生产过程，具有不可违逆的内在规律。从产品策划到组稿，再到加工、校对、装订和发行传播，媒介产品的生产传播构成了一个具有高度时序性、关联性和程序性的生产链条。媒介产品生产的每一个环节都构成了下一个链条质量的前提。正如蔡学俭先生所言："编辑工作是一项系统工程。各环节相互联系、制约和促进，具有严密的整体性，而每一环节又具有相对的独立性。各环节中有许多工序，相互之间同样具有制约性和相对独立性。一个环节、工序的工作影响着另一个或几个环节、工序乃至全部编辑工作。这就要求我们既要从宏观上把握编辑工作的整体性，又要从微观上抓好每一个环节、工序的工作，处理好局部和全局的关系，用严密的制度规范各自的职责和相互关系，使整个编辑工作协调一致，高效率运转。"编辑工作的系统性和专业分工性决定了媒介产品生产的质量不是一个部门的事，也不是一个环节的事，更不是个体的事。要保证媒介产品的编辑质量，出版机构必须从媒介产品生产整体性和局部性的角度规范编辑行为，确立编辑规程，设定编辑准则。通过规程、规范和准则的确立，出版机构要确保编辑主体按照岗位职责、专业分工和产品质量的标准来进行媒介产品的专业生产。从这个角度来讲，编辑工匠精神的实现离不开以编辑规程为中心的编辑制度建设。

　　编辑规程从本质上来讲是编辑制度，是通过外在制度来约束编辑主体行为的行事准则，是编辑主体行为的工作指南。这种制度规范是一种外在的刚性约束，是一种工作责任的制度确认。正如蔡学俭所说："责任制是一项打基础的工作，出版部门建立责任制要明确以质量为中心，不仅要建立各级的责任制，还要按照生产流程，建立全面的责任制，包括编辑工作责任制、校对责任制、产品验收和成品检查责任制等，要使出版过程中从上到下，处处有人负责，事事有人把关，各种齿轮运转正常，机器发挥效率，从而使图书质量的提高得到保证。"可见，对具有高度系统性和复杂性的编辑工作而言，仅仅依靠编辑工匠精神并不能够保证媒介产品的编辑质量。与此同时，我们还要看到，在现实的编辑工作中，编辑工匠精神并不是每一个编辑个体的自觉追求。编辑个体的价值观念也存在良莠不齐的现实状况。在此情况下，要保证媒介产品的高质量，出版机构就必须对编辑主体的专业行为，甚至职业精神进行规范设定，从而保证媒介产品的编辑质量。因此，尽管工匠精神更多表现为编辑主体的内在修养和品格，但是编辑规程的制度性约束使编辑主体的工作更专业、更科学，是媒介产品质量的保障。从这个角度上来讲，好的编辑制度实际上是对编辑工匠精神的弘扬和助推。因此，要实现编辑工匠精神，出版机构就必须强化编辑工作规程和编辑工作规范。出版机构一方面要大力加强编辑主体的精神建设，不懈地提倡工匠精神和编辑名家风范；另一方面要强化编辑制度建设，通过编辑规范和制度来约束编辑行为，引导编辑价值取向，真正地打通编辑主体建设的旋转门，实现编辑主体建设内外结合、有机统一和相得益彰。

三、培育工匠精神的前提是建设好编辑文化生态

　　编辑活动是整个社会活动的一个子系统，社会系统的变革必然会影响到编辑活动的方式和编辑主体的精神面貌。如同王振铎所言："编辑活动跟社会相联系，如果没有社会，编辑活动也就无从谈起。社会中间有政治、有宗教、有经济、有法律、有教育等，编辑活动跟这些活动都有联系……每种经济形

态的转变会影响到文化活动，也会影响到编辑活动，甚至决定着编辑活动能不能出现。"在近四十年改革开放的进程中，出版业也在不断经历着体制机制的改革，从"事业单位、企业化运营"到"转企改制"，再到资本化运作和"走出去"，整个出版业的经营体制和运营机制发生了翻天覆地的变化。尤其是以市场化改革为导向的出版改制的实现给整个编辑主体的生态带来了巨大影响。"从编辑工作的定额制到包干制，再到现在的项目制，编辑工作绩效考评、人事制度等都在不断地改革。"再加上传播技术的变迁带来的媒介融合现象，编辑主体的构成、角色、功能和工作模式都在发生变化，并在此基础上形成了新的编辑文化生态。编辑活动具有社会性，社会生存环境的变化必然给编辑主体的精神带来重要影响。因此，我们在提倡编辑工匠精神的同时，还必须重视编辑文化生态建设。

新的编辑文化生态既有好的价值取向，也有不可忽视的价值误区。比如，传统社会环境下的编辑职业认同在新的社会变革中发生了很多令人忧思的变化，甚至造成了编辑职业认同下降和社会荣誉缺失的问题。一方面，以转企改制为标志的出版改革革新了传统的出版体制机制，确立了一种新的出版生产关系，赋予了编辑主体新的社会地位和角色，激发了编辑主体前所未有的创造热情，极大程度地解放了编辑主体的编辑生产力；另一方面，以市场化为导向的出版改革也带来了编辑价值取向的转变。经济指标在一些出版企业一度成为编辑绩效考核的主要因素，这致使一些编辑主体沉溺于经济效益的泥沼之中不能自拔，而将出版的精品意识和社会效益抛到九霄云外。正如刘杲所言："商业大潮席卷大地，处处都是弄潮儿。一边是编辑精神的发扬光大，一边是拜金主义的渗透蔓延。编辑向何处去？是坚持编辑精神的觉醒，勇立潮头，破浪前行，还是甘当拜金主义的俘虏，四顾茫然，随波逐流？"编辑文化生态出现了分化：一种是文化为魂、精品为本的编辑文化生态；另一种是市场至上、码洋为王的编辑文化生态。后一种编辑文化生态的形成，既有改革顶层设计不足、改革速度过快的原因，也有编辑主体理性缺失、主体价值教育引导不足的原因，还有出版企业为现实生存困境所迫的因素。无论如何，这种市场至上的编辑文化生态从某种程度上与编辑工匠精神是格格不入的，是不利于编辑工匠精神倡导的。尤其是，一些出版企业实施的以码洋为中心的编辑绩效考核，与编辑主体沉潜下来打磨精品的目标南辕北辙，不仅不可能生产出媒介精品，甚至会生产很多文化垃圾。因此，倡导编辑工匠精神就要建设良好的以编辑主体为本位、以编辑质量为导向的编辑文化生态。只有这样，编辑工匠精神才能成为编辑主体对精神价值的自觉追求。

第三节　回归"工匠精神"培养编辑素质

2016年3月，李克强总理做政府工作报告时首次提出"工匠精神"。其后，"工匠精神"不仅成为总理使用的高频词，更是被各行各业奉若信仰，上升为国家意志和全民共识。工匠精神之所以引发如此强烈的共鸣，正是因为契合了现实需求，代表了先进的价值导向，显示出时代气质。对于编辑而言，工匠精神自古以来便是职业素质的核心，是出精品、出经典的必要保障，其回归的必要性毋庸置疑。

一、编辑素质与工匠精神

合格的编辑，至少应该具备编校能力、策划能力、管理能力和创新能力四个方面的素养。工匠精神，要求编辑精益求精，追求极致，爱岗敬业，无私奉献，持之以恒，守正创新。二者相互补充，互为升华，方可达至臻之境。可以说，将工匠精神彻底融入编辑工作的每项能力中，是为大成。

（一）编校能力与工匠精神

编校能力即书稿处理能力，能够从内容到形式对书稿进行总体把握、整理加工，以达到出书标准的能力，是编辑应具备的最基本的能力。一名编辑的养成，须坐穿无数冷板凳，埋首于字里行间，经历千锤百炼，通过重重考核方能独当一面。专家型编辑在这方面大多是卓然者，很好地诠释了工匠精神的意义。他们有广博而精深的专业知识背景，有丰富的编辑实践经验，熟悉各类书稿的框架结构、板块设置、格式规范和常见错误类型，能够熟练驾驭难度系数较高的各种书稿。经他们处理的书稿，差错率低，质量高。其典型代表如周振甫先生，他编辑《谈艺录》《管锥编》的经历，不仅得到钱先生的赞誉和肯定，还成为业界和学界的佳话。钱钟书在《谈艺录》题签中写道："校书者非如观世音之具千手千眼不可。此作蒙振甫兄雠勘，得免于大舛错，拜赐多矣。"

（二）策划能力与工匠精神

策划能力是编辑成就一本好书最重要的能力。从选题策划到市场营销策划，每一个环节都反映了编辑是否适应激烈的市场竞争，能否将好的选题变成大众乐于接受的呈现形式。2009年上市的畅销书《好妈妈胜过好老师》便是一个很好的案例。当时教育类图书正处于低潮阶段，该书的作者是一个默默无闻的新人，策划编辑也是一名新手，稿件还曾被十多家出版社拒之门外。这是一个被众多编辑不看好的选题，但两个同样新的编辑和作者，在图书策划过程中全情投入，不放过任何细节，在营销推广方面也积极尝试，最终让读者看到了这本书，继而点燃了大多数读者的热情。这是工匠精神的实践，也是工匠精神带来的成果。

（三）管理能力与工匠精神

管理能力主要指项目管理能力。一名编辑手里会同时进行好几本书，或者管理一个套系多本书的出版进度，而每本书必须经历的流程非常多，时间要求也不一样。这对编辑来说，需要具备强大的执行力、控制力和沟通力，来保证各个项目正常顺利的推进和实施。若没有爱岗敬业、持之以恒的精神，这项工作便是一项负担，容易搞得一团糟，由此可见工匠精神对于编辑而言是多么不可或缺的。

（四）创新能力与工匠精神

创新能力，是保证编辑主动学习，及时调整知识结构，保持与时俱进的能力。一位优秀的编辑，首先是一位杂家，虽不必样样精通，起码对所接触的出版方向得清楚个差不离，通晓最基本的常识，不至于出现诸如将东北虎和西伯利亚虎视作两种虎的笑话。其次，科技高速发展，特别是改革开放以来，编辑面对的科技变革让人目不暇接。从"铅与火"时代到数字排版印刷时代，从报刊图书占主导的传统出版时代到传统出版与数字出版并存的现在，编辑若不保持时学常新、与时俱进的状态，必然会被这个行业淘汰。

二、工匠精神的提升途径

编辑的工匠精神与其职业状态有相似的对应性。编辑之初境，相当于刚入行的学徒状态，在不断的积累中寻找到最适合自己的出版方向，并致力于在某一领域有所发挥；编辑之佳境，相当于游刃有余的匠人境界，能够独当一面，或在某一领域有所成就，达到精益求精更高一级的水平；编辑之巅峰，相当于大师的至臻之境，此时被称为专家型编辑，不仅对处理各种稿件能信手拈来，还能著述。有人年纪轻轻便稳扎稳打，成长为人人称赞的优秀编辑；有人忙忙碌碌地盲目前行，穷其一生都编辑不出几本拿得出手的好书。这其中的差距，其实便是"工匠精神"强弱的诠释。要想成为一名高素质的优秀编辑，最直接的方式便是提升工匠精神。

（一）工匠精神的基础是爱岗敬业，无私奉献

人人都说，干一行，爱一行。可真正能全情投入，不把工作当赚钱机器者，能有几何？重拾工匠精神，便是要转变观念，将工作当成事业，当成信仰，当成有价值的事情一直坚持。编辑称得上是半个文人，若同时具备文人身上一些特点，诸如知足常乐、重精神、轻物质、视清贫苦难作磨炼等，潜下心做学问，苦练基本功，提升自身素养，那便成功了一半。热爱编辑事业，敬畏这个职业，愿意为编辑事业奉献自己的时间和精力，将编辑事业作为一生的追求。有着这般勇往直前的底气，气势上便成功了另一半。所以说，提升工匠精神的第一步，莫过于转变观念，树立信念。

（二）工匠精神的精髓是精益求精，追求极致

编辑必备的四个方面的能力大多与此有关。编校不用说，当以不放过一个错别字、追求"完美"为己任。选题策划、营销策划、品牌形象策划、后续发展策划……每项策划都需要精确到每一个细节，以避千里之堤溃于蚁穴之憾。项目管理事务繁杂，若要做得好，势必要安排得井井有条，精益求精。活到老，学到老，正是工匠精神的体现，只有时刻学习，才能不断进步，胸中有丘壑，才能立于不败之地，不被社会淘汰。曾几何时，新编辑一入社便受到老一辈编辑"板凳十年"的谆谆教诲，在编辑生涯中与"默默无闻""埋首稿纸""数十年如一日"相关联，扎扎实实打好基本功，实实在在编好书，将工匠精神发挥得淋漓尽致。是以，这是编辑提升工匠精神最需要坚持和投入的一步，须沉得下心，坐得住冷板凳，数十年如一日专注于案头工作，不为外物所动，对编辑事业有着不懈追求，以严谨的态度，将编辑各项能力发挥到极致。不能容忍"无错不成书"的错误理念，"差错率在允许范围内"的快餐文化万万不能再有。

（三）工匠精神的升华是持之以恒，守正创新

这是时代赋予工匠精神的新的价值和内涵。过去的工匠精神，大多停留在刻板印象中，唯有技艺精湛达大乘之境者才能量变引起质变，有所突破。新时代的工匠精神，不是凤毛麟角般的被动创新突破，而是坚守某个领域，找准方向，执着而专注地打磨自己的技艺，不断用新思想、新知识武装自己，做更适合时代的产品。20 世纪 50 年代，北大清华的高才生进入出版行业编辑中小学教材，似乎有些大材小用。然而，学术素养扎实的高才生刚开始却屡屡碰壁，老编辑传授经验，科学理论和中小学的知识教育是两码事，应以深入浅出，化繁为简宜，这项本事是一个教科书编辑需要长期磨炼的。

社会在不断发展，科技、文化的变化生生不息，编辑作为传播者，革故鼎新，不仅要接受新思潮，还要学会分辨，去芜存菁。高科技的发展，让编辑在守正创新上相较于前人格外有优势，"互联网＋"时代的便捷让编辑站在

一个比较高的起点，享受科技红利，坚守内容出版的同时，用市场化的思维开拓创新，将内容出版的社会效益与经济效益完美结合。

三、营造提升编辑素质与工匠精神的企业环境

（一）塑造具备"工匠精神"的企业文化

党的十八届五中全会对新闻出版业在内的文化建设作出了新的部署，提出了新的要求，明确提出要提高国民素质和社会文明程度，建设坚持以社会效益为优先的文化体系。习近平总书记多次走访座谈文化企业，足以体现文化建设的重要程度。

如果说"个人 + 工匠精神"意味着人才、大师，那么"企业 + 工匠精神"便象征着品质、品牌、信誉和信心。出版社应该积极响应国家号召，营造具备"工匠精神"的企业环境，将精品出版纳为常态，尊重编辑，树立典型，加大职业培训力度，完善激励机制，将工匠精神融入企业文化之中。

（二）规范出版流程

三审三校制度，本就是极富工匠精神的资深专家所设定，极富科学性与实践性，也是有效的质量保障机制。少数出版社以"效率"为名，简化一些环节，出版时间是缩短了，出版质量却大打折扣。个别编辑碰上一些"结题书""职称书""自费书"，质量底线更是一退再退，甚至连校对的面都不见，只草草看一遍了事。这从发稿字数便可窥见一斑，20 世纪 80 年代编辑的发稿定额是一年几十万字，现在是几百万字，有的人甚至可以发到上千万字。有学者感慨，过去是作者和编辑一年磨一本书或几本书，现在往往几十本书一年磨一个编辑。这是三审三校制度缺位惹的祸。因此，规范出版流程，每一个环节都以工匠精神处之，三审三校各司其职，不姑息发现的每一个问题，兹以为可以对质量滑坡起到一定的控制，甚至遏止作用。

（三）改进人才培养机制

新编辑入职，一些出版社会举办新编辑培训，但也有些出版社只提供几本介绍编辑业务的学习用书让其自学，个别出版社甚至把新编辑往校对科一

送便开始使用，而后，就是靠各自的缘分，自行在摸索中成长。有些出版社存在这样的情况，部分编辑，特别是老一辈的编辑，很好地诠释着工匠精神为何物，坚守底线，视质量为生命，整体编辑素质较高；但也有部分编辑审稿随意，信奉"无错不成书"。而且，具备同样素质的编辑总是呈编辑室分布，将"物以类聚，人以群分"另类演绎。人才培养机制，须得结合社内情况，有针对性地进行改进。

重拾"师徒制"，有助于以"长板"提"短板"，有效率地提升整体编辑素质。部分出版社作为试点，已经取得一定的效果，说明"师徒制"现今仍旧适用。可以在社内拟定合适的奖惩标准，遴选合格的"师父"，对新编辑、不成熟的编辑进行一对一的帮助，制订个性化的培养方案。加大培训力度，时学常新，有助于编辑提升自己的能力素质。对新编辑进行系统培训，定期举办专题培训，利用微信公众号等新媒体推送编辑微课堂，鼓励编辑参加权威机构举办的培训，对编辑接受专业培训以提高与专家对话的能力提供支持，有条件者还应该与高等院校、科研机构合作来开展轮训活动。

编辑座谈分享会，可三五成群先行专题讨论积累，而后定期大会分享讨论成果，不仅可以解决编辑工作中的疑惑，巩固学习成果，还有助于从成功或失败的案例中汲取宝贵的经验。既接地气，又具有指导意义。特别是编校方面，陷阱何其多，与其想破脑壳还模棱两可，不如大家一起讨论学习，集思广益。

（四）创新考核机制

编辑应该时刻处于学习状态。提升编辑素质，不能光学不做，也不能一直实践而忽视学习。出版单位大多以经济效益为考核指标，这本身就与"以社会效益为优先"有所冲突。前者驱使编辑更多地考虑经济效益，忽视自身编辑素质的提高，也难得静下心来思考深度的选题。虽说编辑的工匠精神表示要无私奉献，但不为五斗米折腰的前提是得生存下去。编辑可以不为金钱而工作，但是付出时间和精力却拿不到相应的报酬，长期如此谁都无以为继。

其实提升编辑素质最简单的办法，莫过于出版单位将编辑素质的提升纳入绩效考核中，而不仅仅以职称和经济指标为论。出版单位应该制定出一套符合国家方针政策，适合本单位的考核机制，多方面进行考核。例如，对编辑的考核，可以从图书的社会效益、编辑学习进步情况、贡献度、工作量及完成质量、经济效益等多方面进行综合评判。

第四节　新时期期刊编辑工匠精神的能力培养

工匠精神包括职业技能和职业精神，是一种敬业的工作态度以及精益求精的精神理念，是中外历代匠人对造物品质追求完美、精益求精的表述。瑞士制表、德国制造几乎成为工匠精神的代名词。我国近年来经济快速发展，但社会风气日益浮躁，期刊编辑出版行业也不例外。我国有上千种期刊，发表了大量论文，其中也不乏粗制滥造之作。这与编辑工匠精神的错位与缺失有较大关系，有关期刊编辑的素养已有较深入的论述，有关工匠精神亦有报道，而有关编辑工匠精神的研究尚少。通过分析编辑工匠精神的内涵，探讨新时期编辑工匠精神的培养，以期提高编辑能力与期刊质量，更好地为作者、读者及社会服务。

一、编辑工匠精神的实质

（一）正确认识践行编辑工匠精神的重要性

现代精准制导、航空航天、通信探测、生物技术等不同行业，以及从宏观到微观领域的经济社会的发展进步均依赖于科学技术创新，离不开研究成果的编辑出版交流，离不开期刊编辑的工匠精神。培养新时期编辑的工匠精神是时代对编辑工作者从业的要求，也是编辑工作者"与时俱进"的自身需求。

（二）正确理解编辑应具备的工匠精神

工匠精神的灵魂是匠人专注、追求完美的造物品质，工匠精神的目标是打造行业精品，编辑的工匠精神是编辑对期刊、论文、网站等产品精雕细琢、精益求精的理念，其核心是对品质的追求。中国古代师傅带徒弟成就了大批技艺精湛的工匠，造就了中国古代文明；近代德国在高端制造业追求卓越成为他们在国际竞争协作体系中的最佳落脚点。编辑工匠精神包括编辑的职业技能和职业精神，实质内涵就是发表论文的质量，包括学术质量与编排印刷质量。现代工业、农业、医疗卫生、航空航天均进入大数据、云计算时代，精准成为科技工作者与科研产品的最基本要求。科技期刊供科技成果交流与发表，科技期刊及其编辑则成为科研人员、科研活动、产业、产品及社会经济发展的桥梁与纽带。新时期科技期刊编辑工匠精神的内涵就是精准、精益求精、孜孜不倦，将发表论文品质努力提高到 99.99% 乃至更高。在追求完美品质的道路上要不惜时间和精力，保证态度严肃谨慎，工作细致周全，注重细节，确保每篇论文、每期刊物的质量；采取严格的检测标准，耐心、专注、持之以恒，坚决保证对品质高标准、严要求。

（三）编辑工匠精神的内涵应因人而异

编辑的工作就是服务，为作者、读者及国民经济建设提供全方位、全链条的服务。对于工匠精神，不同的编辑人员应有所区别。所有编辑需尽快完成当代编辑角色的科学定位与转换，要从日常化、程序化、简单化向标准化、规范化、精准化转换。新入职编辑要求具有编辑的基本素质，包括精神伦理与编辑实务技能，即应加强培养工匠精神和职业伦理，学习先进技术，掌握过硬技能，开拓理论视野，最终成长为一名优秀的编辑。编辑的基本素质是要在忠实于原文、原作者的基础上规范论文，但这并不表明编辑对投稿论文学术质量无所作为。

期刊征稿简则上往往会注明编辑有权对论文进行必要的修改。编辑要对论文的政治性、学术性、规范性等把关，所以不要把编辑工作看作为认识字、坐得住、对对红的简单工作。一个好的编辑应该首先努力成为一个行业的专家，成长为一名专家型的编辑，以便真正做好编务、办好期刊。

对于老编辑而言，其业务熟练、动作规范，但倘若就此满足，工作中老一套地看稿、改稿、编排、审定、付印，久而久之会感觉迟钝，思维衰退。编辑手法一旦成了"一定之规"，编辑就会变为"编辑匠"。瓦匠、木匠、铁匠之所以称为匠，是基于他们所掌握手艺的熟练程度而言，是尊重的称谓；可是"编辑匠"一词却略有贬义。顾名思义，传统意义上的编辑就是"编"和"辑"，是各类文稿的"加工者"和"把关人"。我国正在从"中国制造"向"中国智造"强力迈进，"差不多"的思维要不得，同样，编辑工作需要投入编辑的智力劳动，来不得半点得过且过。科技期刊发表报道的是最新科研成果，一般与纯文字、文学类论文差异明显，高新是论文的特点，快速、及时、精准是发表的基本要求，科技期刊是学术交流的载体，编辑则是桥梁。

期刊编辑除应该具备一般编辑的基本素质之外，还应该怀有更高的要求。无论是新老编辑，都需要重新认识新时期发扬工匠精神的重要性，在编辑实务中踏实践行工匠精神，办好期刊，努力为读者与作者提供优质服务。

二、科技期刊编辑工匠精神的培养

（一）职业精神的培养

1. 基本工匠素质

工匠精神不仅是一项技能，还是一种精神品质，新时期需要构建良好的编辑职业精神。德国制造质量的蜕变是基于"法律－标准－质量认证"三位一体的质量管理体系；日本制造打开欧美和全球市场是基于20世纪60年代实施的"质量救国"战略，均以工匠精神为主旨。新时期编辑首先应该具有工匠精神，同时具有工匠技能。培养工匠精神是中国经济转型升级发展的需要，是人才培养与社会生存的需要，也是提高人才能力与品质的需要。要静得下心、耐得住寂寞、坐得住冷板凳、下得了苦功夫。因此，编辑通过自己的脑力劳动审查论文，就是鉴别作者实验研究、思维成果以及科研价值，对审稿通过的论文给予进一步加工，使其更完善。促使这些成果实现社会价值，同时也实现编辑的自身价值。国家广播电视总局规定的每年72学时业务学习就是非常必要的业务培训，值得坚持并强制要求，基层单位则要从编辑参加学习的时间、经费等方面予以全面支持与保障。

2. 编辑观念

老编辑虽然编辑业务熟练，但往往会有经验主义、见怪不怪等马虎思想；新入职的年轻编辑思想活跃，精力充沛，但往往需要培养耐心与细心；而近年来有许多从科研教学岗位转入编辑岗位的人员，他们具有科研教学的经验，有写作、发表论文的体验，多数遇到过退稿、退改，或曾收到审稿专家与编辑的大段意见与建议，或曾数次投稿，数次退稿或退改，能更好地理解作者，有利于做好编辑工作。无论哪一类编辑人员，都应该进一步解放思想，转变观念，牢固树立为作者服务、为读者服务、为学术发展服务的思想。

计算机与网络技术的发展为编辑人提供了极大的便利，文字处理软件、计算机自动校对系统、文字复制率检测系统、参考文献编校系统等极大地便利了编辑工作，然而编辑才是主体。针对近年来的学风浮躁，在倡导利用现代技术手段的基础上，需重视并强化编辑的主观因素，充分调动与发挥编辑的能动性，最大限度地发挥工匠精神，对投稿论文精益求精，对有创新的论文成果予以呵护并加快发表，而对粗制滥造的论文果断说不，叫停快餐式论文，维护学端行为检测，另一方面要广泛培养编辑发现问题的前瞻力，防患于未然。鉴于此，《西北林学院学报》编辑部针对大学生、研究生开展科技论文写作系列讲座或报告，如论文的规范性投稿、优秀论文述评、论文编校案例分析、实验研究与论文写作的规范性、学术不端行为案例分析，受到了有关师生好评，同时发挥了编辑的特长，促进了编校工作。因此，编辑部或期刊社可以单独或与研究生院、教务处、重点实验室、研究团队合作举办"学生与工匠精神"的征文比赛或演讲活动，或在学报网站编读园地举办"作者与工匠精神"类似的征文或讨论，以提高作者、特别是学生作者的品质意识。编辑可以将本刊或国际顶级行业刊物的优秀论文作为样板，解剖分析，或开展本刊年度优秀论文评选与奖励，以身边的优秀作者、优秀论文为示范，塑造作者及编辑的工匠精神。

3. 求实能力

编辑实务包括策划、组稿、初审、外审、退修、终审、编辑排版、校对、发表等环节。在每一个环节都需要编辑努力践行工匠精神。编辑过程中，不但要按照期刊格式规范论文，增补缺项，如参考文献缺项（缺卷、缺期、页码不全），还要纠正论文中的学术概念、计算数据的表达分析、语言等问题。《西北林学院学报》编辑过程及对林学类期刊审稿中经常发现，存在作者学术概念不清楚问题。如不定芽与腋芽、消毒与灭菌等概念混淆，多样本比较分析不用多重比较，而用 t 测验两两比较等方法学问题；有些作者写作语言欠规范，如：两个地区某实验结果分析，作者表述为"某地与某地差异显著"，实际应该为"某地与某地的某种实验结果差异显著""将直径小于 2 ～ 5mm 的根定义为细根"应表述为"将直径小于 2mm 的根定义为细根"，"截至目前为止"宜简化为"截至目前"，将"类型划分时遵循如下几个原则。"宜简化为"类型划分原则：""播种前用蒸馏水浸种 24h，浸种结束后开始播种"宜简化为"用蒸馏水浸种 24h 后播种"。可见，编辑过程中，不仅仅需要对论文格式规范化，也需要编辑补正学术问题、简化语言表达。可以通过行业学会的学术交流，编辑部内部的交流，编辑个人在编辑实践中的总结积累等方式，提高编辑在论文编辑过程中的业务能力。

4. 校对能力

看起来校对似乎与编辑的工匠精神关系并不大，其实，对校对工作马马虎虎也是编辑缺乏职业道德的表现，会导致出版质量问题。现在许多学报无专职校对人员，责任编辑亦是责任校对。科技论文常有复杂的公式图表、较多的数据，在编排过程中难免出现错排漏排。因此，必须培养编辑一丝不苟、认真严肃地做好校对工作的能力，把纵然微小的错误消灭在校对过程之中。校对工作无小事，再细致也不过分，要把工匠精神体现在校对中。《西北林学院学报》为了强化编辑校对，同时采取请作者对编修稿 word 文档与清样 pdf 稿两次校对，即使无修改，也要求作者回复编辑部，这样，常会发现编辑或作者自己不能够发现的学术或表达问题，从而尽早完善或改正，也给编辑和作者一些警示。

5. 疑难问题处理能力

（1）"人情稿"处理能力

每一名编辑都具有各种各样的社会关系，领导、老师、同学、同事、学生及朋友，因为毕业、职称评审、项目验收、年度考核等需要，少不了托人情、找关系。编辑必须坚持"在质量面前人人平等"的原则，一视同仁地处理名家约稿或自然来稿，正确处理"人情稿""关系稿"，对达不到学术标准的坚决退稿，对学术质量好但写作欠规范、表达分析不到位的坚决退修，直至达到发表要求。若依人情发表质量不尽如人意的来稿就是编辑缺乏职业道德的表现，是对作者的不负责任，同时损害了读者的利益，也损害了刊物与编辑自己的信誉。

（2）编辑情绪控制力

编辑在初审与编修校对过程中，需要足够的耐心。对于投稿论文的学术质量把关应以审稿专家意见为主，对与自己学术观点有异的稿件，应注重听取审稿专家的意见并咨询作者；对于语言表达与写作格式欠规范的论文，要耐心向作者指出。

鉴于期刊范围、版面数等局限，大多数期刊只能发表优秀投稿，有许多稿件未能采用，而这些作者心态往往不同。一些熟人可能由于稿件或推荐的稿件未被采用，对编辑产生不满；有些年轻作者投稿的劣质论文一旦被拒稿，往往产生偏激情绪，甚至过激言语相向。《西北林学院学报》曾有论文退修总次数超过 10 次的例子，有时候极个别作者的写作水平有限、态度不认真，个别学生作者不通过导

师与其他署名作者的审阅修改草率提交系统，编排定稿付印前作者撤稿，刚提交印刷作者来电请求修改，面对此类情况，编辑的情绪控制力则尤为重要。多次退修，还达不到发表要求的必须再次退修。编辑要努力做到客观公正、

严谨求实，对作者的不理解大可不必解释，时间会证明编辑人员是为了保障发表论文与期刊的质量，也是为了爱护与保护作者及读者。因此，必须培养与树立科技期刊编辑宽广的胸怀，提高编辑的情绪控制力。《西北林学院学报》编审中，采用初审退修、专家审稿后退修、作者修改稿退修、查重后退修等环节，多次退修只为保障发表论文的质量。

目前，为适应中国经济转型升级发展要求，国家适时在制造业号召发扬"工匠精神"，期刊界也要正确理解编辑工匠精神的内涵，强化科技期刊编辑的工匠精神。中国虽然是科技论文发表大国，但远非强国，由于考评导向，众多高质量论文流向科学引文索引（SCI）。针对新时期社会风气浮躁、学风浮躁等现象，通过分析新时期编辑工匠精神的内涵，认为虽然工匠精神一直存在于编辑系统，但是随着新时期科技飞速发展，期刊出版转型升级，国内外期刊间比拼影响因子竞争加剧，媒体融合发展，此时强调提出与讨论编辑的工匠精神具有重要的现实意义；进而从职业精神和职业技能两方面分析了新时期编辑，尤其是科技期刊编辑工匠精神编校能力的培养方法。编辑的工匠精神体现在编辑的策划、组稿、编辑、审校、排版等阶段，与科技人员实验设计、测定分析、数据收集、论文撰写、数据分析、结果讨论、论文发表、排版校对等息息相关。工匠精神是一个期刊、一个

编辑部及每名编辑的灵魂。只有有效践行工匠精神，才能够培养出一批批优秀编辑，打造出一个个优秀编辑部，办好一系列优秀期刊，才能为学科发展与国民经济发展作出相应贡献。重点从编辑自身学习的角度讨论了编辑能力的培养，还需从社会环境方面营造宽松氛围，形成"编辑的工作平凡而伟大，编辑的使命光荣而艰巨"的共识，形成编辑工作不仅仅是一种谋生的手段，而是一项事业的共识，让编辑获得高度的使命感而勇于无私奉献。

参考文献

[1] 常思敏. 科技书刊校对和审读指南 [M]. 郑州：郑州大学出版社，2015.

[2] 高余朵. 当前校对工作存在的问题及对策 [J]. 传播与版权，2019（05）.

[3] 河北省出版工作者协会，河南省出版工作者协会. 编辑必备 [M]. 郑州：文心出版社，1992.

[4] 胡天乙. 编辑审稿工作中存在的主要问题及其对策 [J]. 编辑学报，2001(S1).

[5] 江建名. 图书报刊编审校手册《著编译审校指南》升级版 [M]. 北京：首都经济贸易大学出版社，2000.

[6] 叶圣巧. 叶圣陶出版文集 [M]. 北京：中国书籍出版化，1996.

[7] 刘增人，冯光廉. 叶圣陶研究资料 [M]. 北京：北京十月文艺出版社，1988.

[8] 闻默. 叶圣陶教材编辑活动与思想研究——纪念人民教育出版社成立 50 周年 [J] 课程·教材·教法，2000（11）.

[9] 邵益文. 一切为了读者:叶圣陶编辑思想的核心 [J]. 淄博学院学报, 2000 (2).

[10] 周振甫. 我是怎样编《文心雕龙》的《词语简释》的 [J]. 出版工作, 1990, (3).

[11] 周振甫. 古代的编辑学——章学诚《校雠通义》[J]. 出版工作, 1987, (4).

[12] 李锦曼. 编辑的意识 [M]. 昆明:云南大学出版社, 2009.

[13] 刘光裕, 王掌良. 编辑学理论研究 [M]. 济南:山东教育出版社, 1995.

[14] 刘飚. 论学术期刊编辑的"工匠精神"[J]. 编辑学报, 2017, (4).

[15] 薛栋. 论中国古代工匠精神的价值意蕴 [J]. 职教论坛, 2013, (34).

[16] 李云飞, 徐涵. 职业教育中"工匠精神"的缺失缘由与路径重塑 [J]. 职教论坛, 2017, (16).

[17] 黄正荣, 张浩. 工匠精神与工程理性的哲学认知 [J]. 长沙理工大学学报（社会科学版）, 2018, (4).

[18] 尹慧. 工匠精神的哲学意蕴与现代表达 [J]. 教育学术月刊, 2018, (1).

[19] 李静, 游苏宁. 回归本源:论新时期科技期刊编辑的基本素养 [J]. 编辑学报, 2017, (3).

[20] 段乐川, 姬建敏. 工匠精神:编辑文化的精神坐标 [J]. 出版广角, 2017, (24):28—30.

[21] 赵东瞄. 网络出版及其影响 [M] 北京:中国人民大学出版社, 2008.

[22] 周蔚华. 数字传播与出版转型 [M] 北京:北京大学出版狂, 2011.

[23] 李雪. 浅析网络出版与传统出版协调发展 [J], 中国报业, 2011.

[24] 李军领. 编辑力"五为模型"试探 [J] 编辑之友 . 2011.

[25] 蒋亮，赵元元．试析数字传媒对编辑出版技能的要求 [J]．中国传媒科技，2013(2)．

[26] 聂远征．媒体融合时代的新型编辑人才培养 [J]．湖北大学学报（哲学社会科学版），2010（4）．

[27] 宋永刚．新时代如何加强编辑队伍建设 [J]．中国编辑，2018（6）．

[28] 杨效方，段乐川．编辑名家培养路径分析——以首席编辑制为中心 [J]．中国编辑，2018（3）．

[29] 徐诗荣．全媒体出版时代编辑能力的培养 [J]．出版发行研究，2011（2）．

[30] 付豫波．成为数字化时代合格的策划编辑 [J]．科技与出版，2010（4）．

[31] 冯书生．试论编辑如何面对数字出版 [J]．出版发行研究，2011(3)．

[32] 乔树雄．数字化时代传统编辑的自我修炼 [J]．编辑之友，2010(10)．

[33] 付继娟、何戈、耿东锋．数字出版编辑人才培养问题及对策研究 [J]．编辑之友，2011（5）．

[34] 邓晓磊．数字时代，编辑如何发挥更大的价值 [J]．出版参考，2011（12）．